人力资源数字化转型
行动指南

DIGITAL TRANSFORMATION
OF HUMAN RESOURCES

徐刚 著

企业数字化转型已经成为当今商业社会的主流趋势和话题，政策及商业环境的变化速度不断加快，也对人力资源从业者提出了新的挑战，HR展开数字化转型势在必行。但HR数字化转型并不仅仅是对HR系统升级那么简单，更重要的是对HR的思维和工作方式的转型。本书以全新的视角分析了人力资源行业目前所遇到的挑战及HR如何通过新思维、新技能、新管理、新视野四个方向来让自己具备应对HR数字化转型的能力，从技术、数据、咨询、项目、运营、敏捷、团队等方向论述了当前HR在应变过程中如何破局，深入浅出地介绍了HR数字化转型中涉及的理论方法及实践操作，对于HR数字化转型有着实际指导意义。HR可以将这些理论和实践与自己的实际工作相结合，助力企业HR数字化转型。

图书在版编目（CIP）数据

人力资源数字化转型行动指南／徐刚著．—北京：机械工业出版社，2020.9（2023.10重印）
ISBN 978-7-111-66839-8

Ⅰ.①人… Ⅱ.①徐… Ⅲ.①人力资源管理-指南 Ⅳ.①F243-62

中国版本图书馆CIP数据核字（2020）第208798号

机械工业出版社（北京市百万庄大街22号　邮政编码100037）
特约策划：胡　明　　　　策划编辑：坚喜斌
责任编辑：坚喜斌　李佳贝　责任校对：孙丽萍　史静怡
责任印制：张　博
三河市国英印务有限公司印刷
2023年10月第1版·第6次印刷
170mm×240mm·15.5印张·1插页·185千字
标准书号：ISBN 978-7-111-66839-8
定价：69.00元

电话服务　　　　　　　　　　网络服务
客服电话：010-88361066　　　机　工　官　网：www.cmpbook.com
　　　　　010-88379833　　　机　工　官　博：weibo.com/cmp1952
　　　　　010-68326294　　　金　书　网：www.golden-book.com
封底无防伪标均为盗版　　　　机工教育服务网：www.cmpedu.com

前　言

变化时代的 HR 挑战

当今数字化时代的快速变化

1. 新基建推动数字化

2020 的春天，新冠肺炎疫情的发展超出所有人的想象。虽然疫情给全球的民生和经济带来了巨大冲击，但是我们从"危"中也看到了"机"，这次疫情让资本市场看到了远程办公平台的价值，更看到了企业数字化协同的价值，极大地推动了全球企业数字化转型的进程。

此次疫情，也让我们充分感受到了社会数字化的力量，例如，我国各地使用的健康码，就是利用和整合了来自卫健委、公安、交通、通信部门，甚至一些互联网企业提供的数据。经大数据计算，健康码能更迅速、客观、准确地反映出公民的健康风险。而且这样的功能在很短时间内就被研发了出来，例如上海在一两天内就完成了"随申码"的开发。

国家发改委表示，这次疫情让我们更加认识到了信息技术深度融合与数字化转型所能带来的巨大效益，大数据、远程医疗、电子商务、移动支付等为疫情防控和复工复产都发挥了巨大作用。未来一段时期，数字经济将成为拉动经济增长的一个重要引擎，各行业、各领域数字化转型的步伐将大大加快。

习近平总书记在 2019 年年末也曾强调，我们要把区块链作为核心技术自主创新的重要突破口，明确主攻方向，加大投入力度，着力攻克一批关键核心技术，加快推动区块链技术和产业创新发展。

可以看出，国家已经明确提出加快新型基础设施建设的步伐。新基建是指以5G、人工智能、工业互联网、物联网技术为代表的信息数字化的基础设施。基础设施建设的这一定位，充分体现出数字化转型的重要意义。

2. 商业模式推陈出新

互联网让我国的商业环境发生了巨变。线下至线上、网红经济、内容付费等带来了新的商业模式。短视频、直播带货逐步成为各行各业所涉猎的模式。新的商业模式带来了新的人才要求，人力资源是否能够及时应变，为企业出谋划策，解决人才需求问题成为当务之急。

不同行业的商业环境也因为国家政策变化等多种因素在不停地发生变化，例如，国家启动药品带量采购议价谈判等措施对医药行业格局产生了巨大影响。为了应对政策及商业环境的变化，相关企业的收购、合并、拆分、架构重组等问题接踵而来，这对于人力资源从业者来说，无论是招聘还是人员优化及保留，都面临很大的工作压力。

3. 科学技术日新月异

技术的迅猛发展让我们无时无刻都被各种新兴的科学技术名词所包围，各家企业都在顺应科技潮流，积极进行各种新技术的尝试，我们经常会听到人工智能招聘、人工智能人才测评、大数据分析及决策、机器学习、情感识别、机器人流程自动化等新名词。

对于人力资源从业者来说，必须要面对的是这些铺天盖地而来的新技术可能给我们的工作带来的持续变化。同时，我们也需要思考，如何抓住科学技术发展所带来的机遇和红利，更好地为企业提供人才相关的服务。

4. 新生代员工登舞台

随着年轻一代逐步登上职场舞台，职场人士的年代组成也在逐步发生变化，新生代员工有新的想法，对于企业的人员管理也提出了新的要求。

例如，1995年后出生的员工是移动互联网原住民，他们是受到移动互联网技术和文化影响很大的一代人。从这代人的特点来看，由于社会环境相对他们父辈小时候来说更加优越和开放，因此这代人会更加多元化、社交化、个性化，这都会使得企业在新生代员工的工作体验上需要有更全面的考虑。在移动互联网环境下成长的新生代员工，对于在企业中的互联网及数字化体验也会相应有更高的期待。

如果企业还用传统的方式来管理员工的工作、薪酬、福利、发展，显然就满足不了新生代员工的体验需求。因此HR需要多了解年轻人，才能更有效地做好新生代员工相关的人力资源工作。

HR在变化中面临的挑战

1. 业务价值挑战

为了应对外部变化，组织也需要及时应变，目前有不少企业在HR部门中设置了组织发展的角色，由此可以看出企业期望HR部门能够更加贴近业务需求。

但是，目前不少负责组织发展的HR仍然只是承担人才能力培养的工作，而没有真正从组织的层面来参与组织架构规划和流程设计。HR部门对企业发展所贡献的价值也经常会被质疑。例如，领导总是说，"你们不懂业务""搞不懂你们HR天天都在忙什么""总是搞一套复杂的工具出来让我们的业务人员瞎忙活"。

2. 资源调动挑战

其实，很多有能力、有想法的HR也很愿意与业务同频，参与业务决策的第一线，为业务贡献更多价值。但无奈很多HR仍被不少日常的琐碎事务所拖累，没有更多的时间和精力真正持续学习专业和业务、发展自身的能力。同时，一些业务领导的质疑也导致HR部门每年预算有限，人力、物力不足以满足深耕业务的需要。

3. 职业发展挑战

很多大企业分工明确,一个萝卜一个坑,由于有限的资源和成本的压力导致 HR 的工作内容和范围无法持续增长,对于普通的 HR 来说甚至还会担心由于变化而导致失业风险的增加。当职业发展上产生困惑时,HR 团队的战斗力就可能会受到影响,因此就又会进一步限制工作内容和范围,形成一个负向循环。

4. 成本压力挑战

虽然资源已经比较有限,但是有不少企业领导层仍会将 HR 部门定义为消耗成本的部门,在企业遇到财务上的压力需要控制成本时,HR 部门通常会首先要求控制成本。例如,有些企业会希望通过一些项目的实施最终达到 HR 部门减员的目的。

我们可以看到这些影响环环相扣,只有找到突破点才能破局。在当今飞速发展的时代,企业若将事物维持在当前的状态则如逆水行舟,不进则退。马太效应在人力资源领域也同样适用,强者愈强,弱者愈弱,如不努力推动事物向正循环方向发展,那就会让事物因为负循环效应而使困境变得越来越难被摆脱。

目 录

前　言　变化时代的 HR 挑战

第 1 章　破局：创新思维能力突破 / 001

1.1　HR 应对挑战的破局点 / 002
- 1.1.1　数字化转型寻突破 / 002
- 1.1.2　贴近业务创造价值 / 003
- 1.1.3　全员重视量化成效 / 004

1.2　HR 应变之道助力破局 / 004
- 1.2.1　新思维 / 005
- 1.2.2　新技能 / 010
- 1.2.3　新管理 / 012
- 1.2.4　新视野 / 014

第 2 章　技术：数字转型全新体验 / 017

2.1　HR 数字化转型的思考方向 / 018
- 2.1.1　什么是 HR 数字化转型 / 018
- 2.1.2　业务数字化体验 / 019
- 2.1.3　员工数字化体验 / 021

2.2　HR 在数字化转型中遇到的阻碍 / 023
- 2.2.1　知识储备不足 / 023
- 2.2.2　技术合作困难 / 024
- 2.2.3　系统割裂分散 / 024
- 2.2.4　响应速度缓慢 / 024

2.3　HR 在数字化转型中的任务 / 025
- 2.3.1　连接技术与人性需求 / 025

2.3.2　了解架构掌握基础 / 030

2.3.3　咨询项目实现转型 / 032

2.3.4　积极推动数字应用 / 034

第3章　数据：量化管理驱动变革 / 039

3.1　HR如何利用数据驱动变化 / 040

    3.1.1　为什么HR需要数据分析 / 040

    3.1.2　如何利用数据度量 / 041

    3.1.3　如何利用数据讲故事 / 042

    3.1.4　数据分析的逻辑方向 / 044

    3.1.5　从分析结果到行动计划 / 047

3.2　在企业中如何推动人力资源数据分析 / 049

    3.2.1　推动数据分析的路径 / 049

    3.2.2　数据质量控制 / 052

    3.2.3　数据报表基础 / 056

3.3　HR数据分析常用方法和思维 / 059

    3.3.1　HR数据分析常用方法 / 059

    3.3.2　HR数据分析常用思维 / 061

第4章　咨询：赢得信任出谋划策 / 063

4.1　HR咨询能力为业务增值 / 064

    4.1.1　什么是咨询顾问 / 064

    4.1.2　HR咨询如何助力业务 / 065

4.2　HR咨询能力等级 / 067

    4.2.1　解决问题 / 067

    4.2.2　增加价值 / 067

    4.2.3　深度洞见 / 068

    4.2.4　信赖伙伴 / 068

4.3　HR咨询流程及工具应用 / 069

  4.3.1 信息收集 / 070

  4.3.2 方向明确 / 071

  4.3.3 问题诊断 / 072

  4.3.4 市场调研 / 075

  4.3.5 方案共创 / 076

  4.3.6 设计文档 / 077

  4.3.7 落地执行 / 085

4.4 如何呈现方案 / 085

  4.4.1 道：影响、印象、引向 / 086

  4.4.2 法：故事、逻辑、重点 / 087

  4.4.3 术：图片、数据、模板 / 090

第5章 项目：充分计划平衡制胜 / 093

5.1 HR项目管理概述 / 094

  5.1.1 为什么HR需要管理项目 / 094

  5.1.2 项目管理方法论简介 / 095

  5.1.3 HR在项目管理中的常见问题 / 096

  5.1.4 项目管理的终极目的 / 097

5.2 HR项目的范围和成本管理 / 100

  5.2.1 如何定义需求 / 100

  5.2.2 如何申请和管理预算 / 101

5.3 HR项目的时间和质量管理 / 108

  5.3.1 项目的时间计划是如何产生的 / 108

  5.3.2 如何制定项目宏观计划与里程碑 / 110

  5.3.3 项目关键路径与计划修正 / 113

  5.3.4 如何通过计划确保质量 / 115

5.4 HR项目风险管理 / 122

  5.4.1 风险和问题的区别 / 122

  5.4.2 风险辨别 / 124

5.4.3 风险分析 / 124
5.4.4 风险应对 / 126
5.4.5 风险跟踪 / 129
5.5 HR 项目的跟踪执行管理 / 130
5.5.1 挣值管理基本概念 / 130
5.5.2 挣值管理实例解读 / 134
5.5.3 项目汇报健康评估 / 152

第 6 章 运营：持续改进流程管理 / 159

6.1 HR 运营的流程设计 / 160
6.1.1 流程是运营的基础 / 160
6.1.2 HR 流程规划和设计 / 161
6.1.3 流程图的绘制 / 163
6.1.4 流程效果衡量 / 165
6.1.5 流程的陷阱 / 166
6.2 闭环管理推动 HR 运营持续改进 / 167
6.2.1 运营跟踪数据说话 / 167
6.2.2 找到原因落实责任 / 168
6.2.3 积极行动从 KPI 到 OKR / 169
6.3 运营管理的进化方向 / 170
6.3.1 HR 运营流程标准化 / 170
6.3.2 基于标准化推动自动化 / 171
6.4 共享运营服务中心无边界 / 173
6.4.1 挑战和质疑 / 173
6.4.2 机遇与发展 / 175
6.4.3 运营无边界 / 177

第 7 章 敏捷：及时应变快速迭代 / 179

7.1 什么是敏捷 HR / 180

7.1.1　HR 为什么要敏捷 / 180

   7.1.2　HR 的敏捷宣言 / 181

   7.1.3　HR 的敏捷原则 / 183

 7.2　敏捷 HR 的常用工具方法 / 186

   7.2.1　用户故事定义需求 / 186

   7.2.2　难度价值认可贡献 / 188

   7.2.3　可视看板跟踪进程 / 190

   7.2.4　站立会议及时沟通 / 191

 7.3　敏捷 HR 项目的运作流程 / 195

   7.3.1　动态收集理解需求 / 195

   7.3.2　头脑风暴聚拢创意 / 196

   7.3.3　分解任务迅速行动 / 197

   7.3.4　反思总结快速迭代 / 198

   7.3.5　敏捷合作持续激励 / 199

第 8 章　团队：跨越障碍成就绩效 / 203

 8.1　组建高绩效团队 / 204

   8.1.1　组建期 / 204

   8.1.2　激荡期 / 207

   8.1.3　规范期 / 209

   8.1.4　执行期 / 210

 8.2　领导力与影响力 / 211

   8.2.1　领导力要接地气 / 211

   8.2.2　影响力的理智与情感 / 218

第 9 章　未来：看清趋势顺势而为 / 223

 9.1　电子合同加速助力 HR 数字化转型 / 224

   9.1.1　电子合同的加速对于 HR 数字化转型的意义 / 224

   9.1.2　电子合同原理与数字化系统整合的方向 / 225

9.2 从个税改革看数据中心化与区块链去中心化的趋势 / 229
    9.2.1 数据中心化减少冗余信息 / 229
    9.2.2 去中心化的区块链 / 231
9.3 顺势而为迎接未来 / 232
    9.3.1 规模效应 / 233
    9.3.2 顺势而为 / 234
    9.3.3 团队之势 / 234

第1章

破局：
创新思维能力突破

1.1 HR 应对挑战的破局点

1.1.1 数字化转型寻突破

为了应对挑战，企业的突破点在哪里呢？如果企业能够利用好现今迅速发展的技术优势，这就是一个很好的撬动支点。流程自动化、人工智能等技术的发展，使我们用技术来代替人力资源领域中重复标准化工作成为可能。

现在有很多企业的 HR 部门已经建立了由人力资源业务伙伴、专家中心和 HR 共享服务中心组成的三支柱架构，在三支柱架构中 HR 共享服务中心往往是 HR 部门中重复和流程化工作最多的团队，因此企业可以从 HR 共享服务中心的标准服务着手，利用技术让日常重复的标准化工作能够自动化执行，从而释放资源。利用释放出的人力、物力资源，再去思考如何进一步将人力资源业务伙伴和专家中心的业务进行标准化，然后在 HR 共享服务中心用人工智能和自动化的方式来高效处理这些标准化工作。

这样，HR 就能不断从日常琐事中慢慢解放出来，扩展自己的业务领域和工作范围，持续进行职业拓展。职业拓展的机会会让 HR 有持续发展的目标、方向和动力来进行人力资源领域各项理论的研究和实践。

图 1-1 代表了这一过程，可以看到通过技术的撬动，HR 能够获得提升和拓展的空间，并能进一步向业务的需求靠拢。

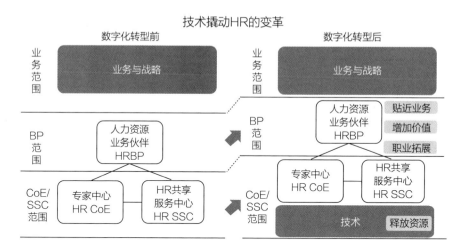

图1-1 HR数字化转型价值

1.1.2 贴近业务创造价值

随着商业环境的变化，HR需要进一步贴近业务，了解企业开展业务所遇到的实际困难和痛点，然后再从人力资源的角度来思考如何能帮助企业解决这些问题。

通过数字化转型，借助技术使HR拥有了更多的资源，人力资源业务伙伴有更多精力和时间来与业务部门进行深入交流并持续研究实践，参与业务的战略讨论、组织发展和变革。从业务战略出发，进行组织的流程和岗位设计，基于岗位的能力需求和HR对员工的了解来进行人岗匹配，如发现有组织能力上的差距，就可以有重点地进行组织人才发展的工作。

如果能做到这些，HR部门就能更好地为业务赋能，企业的业务部门一定能更多体会到HR部门的价值所在，对于HR部门的重视程度和预算投资也会相应提高，形成一个正向循环，使得HR在业务中所产生的价值比重可以逐步提升，这也是企业的业务部门期望看到的结果。

1.1.3　全员重视量化成效

在这个正向循环的过程中，企业要想切实取得效果，还须注意如下几项关键点：

领导层与 HR 团队的重视：HR 需要基于企业现状的分析，制定 HR 正向循环发展路径的规划并与企业领导层达成共识，这样才能从意识层面上让企业的领导层知道 HR 团队的努力方向并及时提供必要的支持。在 HR 团队内部也要对此方向达成共识，让 HR 团队的所有成员打消顾虑，相互配合，形成合力。

释放资源的量化跟踪：释放资源是撬动变化的关键点，因此在大方向取得支持以后，为了尽快让大家看到初步成效，建议对可以被技术取代的日常重复工作进行量化统计，在人力、物力有限的情况下，在时间节省最多的工作上优先投入资源实现自动化。同时，HR 团队也应该尝试通过量化的方式来验证，节省下的资源是否有帮助到业务部门的工作。有了初步成效，就容易得到更多支持并进一步持续推动释放资源的工作。

HR 业务伙伴端的齐头并进：最贴近业务的人力资源业务伙伴需要不断梳理出能够进一步增加 HR 价值的工作，同时也能从当前的工作中整理出可以被标准化的内容交给专家中心和 HR 共享服务中心，使得 HR 团队内部在合作上形成流动的趋势。如果前端对于业务的支持没有持续向前，那么 HR 团队对于业务的价值就无法持续提升，释放的资源也就无法进一步创造出新的价值。

1.2　HR 应变之道助力破局

HR 在通过数字化转型来破局的过程中，需要具备什么样的能力才能达成这样的正向循环？这是非常值得所有 HR 思考的，传统的 HR 日常从事较多的是重复性较高的事务性工作。但在数字化时代，HR 需要去应对变化甚至是引领变化，新时代的 HR 的应变之道有如下四个方向：新思维、新技能、新管理、新视野（见图 1-2）。

图 1-2　HR 应变之道

1.2.1　新思维

成长型思维

环境在变，因此人们的思维也需要变，如果用旧思维来应对新变化，显而易见是无法跟上周边事物快速变化的步伐的。因此，思维的转变是应变的首要一步。

人的思维模式可以区分成固定型思维模式和成长型思维模式两种。

固定型思维模式的人认为人天生的智商情商决定了一切，后天无法改变，因此，遇到困难和变化时会认为这不是自己所擅长的而无法应对。从行为上的表现来看，就是墨守成规，拒绝改变，做事时也通常小心翼翼，不愿意试错，害怕失败，遇到问题也总是试图证明自己是正确的，听不进去其他人的建议。如果人们一直用固定型思维模式来看待问题，就会故步自封，容易被这个高速变化的时代所淘汰。

成长型思维模式的人正好相反，认为自己的态度和汗水决定了一切，只要努力就可以学会任何想学的东西，要成功就必须通过不断学习持续拓展自己的能力。拥有成长型思维模式的人相信世上无难事，只怕有心人，针对自己的不足，愿意接受建议，向他人学习，努力进步，也愿意去试错，相信自己即便失败了，也能在失败中吸取经验和教训，获得成长。

可以想象，在快速变化的数字化时代，拥有成长型思维模式的人更容易适应这个时代的变化，成为进步更快的人。因此，在日常工作中要有更加积极的心态，培养自己和团队的成长型思维，如果大家都能打破固定型思维模式，主动跳出舒适圈，就能更有效地激发自身和团队的潜能。

创新思维

创新思维是指以新颖独创的方法解决问题的思维过程，通过这种思维能突破常规思维的界限。企业常用的创新思维方法如下：

- **组合思维**：就是把两种不同的事物组合在一起产生的新的事物和做法。例如在日常生活中，飞机和船的结合生成了水上飞机，互联网和家电的组合形成了智能家电。在HR领域，把移动互联网的定位和考勤组合在一起形成了移动考勤，把戏剧表演和团建结合在一起形成了即兴戏剧团建的形式等。

- **逆向思维**：就是对于某些司空见惯的做法要用反过来的方式思考和尝试。例如，有些企业为了避免员工迟到采取了罚款措施，这种做法对于年轻一代员工来说一定会产生不少抵触情绪。于是，有些企业运用逆向思维的原理，给员工设置了全勤奖，对于不迟到的员工采取奖励。用激励的做法来代替惩罚，起到了更好的效果。

- **联想思维**：是指通过人们对于某件事情的认知而引起的相关思考。例如，年轻一代的互联网原住民都很喜欢游戏中的即时奖励、升级和排名体验，有些企业就联想到可以在绩效管理中应用游戏积分的方式来认可员工，积分排名靠前的同事企业会给予奖励，以此起到激励的效果。

- **发散思维**：就是通常所说的头脑风暴，鼓励大家不受当前条件限制地去思考各种解决方案，在团队进行头脑风暴时要尽量做到暂缓评判和思维叠加，这样就能让大家的思维更加发散。通过发散的方式就有可能从众多的选择中找到新的办法。

当然，既然是创新思维，就不应该有固定模式的限制，除了以上列举的几种创新思维方法，为了应对将来的变化，我们也要更主动地去尝试不同的创新思维。

数字化思维

HR在数字化时代当然也需要有数字化思维。虽然传统的人力资源工作是以处理人的问题为主而不是信息技术工作。但随着数字化时代的到来，HR也应该顺应时代与技术共舞。我们需要知道技术的进步对于员工的管理来说意味着什么。

- **自动化**：众多领域从最早的流水线生产到最新的数字化生产，这一趋势对现代的劳动者来说本身就是巨大的冲击，因此HR为了做好人力资源管理工作，也需要了解自动化的趋势。一方面可以知道企业的自动化对于人才需求的变化，另一方面，HR在数字化时代需要不断思考有哪些工作是可以实现自动化处理和解决的，这样才能通过减少重复工作来释放工作量形成破局。如今在人力资源领域，已经有了通过机器人流程自动化来完成HR流程工作的应用。

- **数据决策思维**：传统的经验主义决策方式，由于有了人工智能、大数据和技术手段，开始向数据决策的方式转变，更多的决策都开始依赖于数据分析。在各行各业，通过大数据进行的人工智能决策也越来越多。在人力资源领域，无论是从人工智能招聘，还是离职预测，或是员工体验，也都可以通过各种静态、动态数据的采集和分析来进行。

由于环境变化快，各家企业情况的不同，无论是业务还是 HR 的数字化转型，各家企业都在持续尝试，并没有标准答案。所以，企业在转型过程中不断衡量组织运作的有效性就变得非常关键。没有衡量就无法管理，无法诊断当前组织存在的问题，也无法验证企业的转型在完成后是否达到了效果。

例如，如果业务部门需要 HR 参与组织的设计来解决组织效率低、业绩增长慢的问题，那么企业在设计方案时要先量化当前的人效比和业绩水平，同时考虑在完成变革后，在一定时间内，所期望达到的人效比和业绩增长目标。

为了将来能持续改进和迭代，企业也需要通过数据衡量才能了解每一时刻的状况。在组织设计或变革的过程中，企业需要始终考虑如何把所要达到的目标，转化为可以量化衡量的目标，这样，变革的工作才能有明确的方向和指引。这些都依赖于数据决策的思维。

习惯于数字化思维，企业才能顺应数字化时代的要求，融合创新思考来用技术实现更多创新的想法，发挥能动性，创造出更多数字化的人力资源解决方案。

员工体验思维

所谓员工体验，就是员工对自身在组织中遇到的和观察到的事情的感受。企业要从员工感受的角度出发，来设计企业中的企业文化、办公环境、福利政策和工作流程等，从而提升员工的满意度和敬业度，并转化为业务上的产出。

员工体验已经成为 HR 数字化转型时代的热词之一，大家可以试想一下，工作体验不好的员工怎么能有心情来思考如何持续提升客户体验和满意度？这就是员工体验对于企业业务发展的意义所在。因此，HR 在日常工作中，要善于站在员工的角度来思考他们的体验。

这里要特别提醒的是，员工体验更需要HR们动足脑筋结合企业的现有情况来设计，而不是简单照抄照搬其他企业的经验，这是为什么？因为员工体验有很大一部分是来源于比较。别家企业没有而我们企业有，员工的感受就会好，但是如果每家企业都有了，那么这种体验给员工带来的感受就会逐渐变淡。

HR在提升员工体验的过程中所需要思考的关键要素有两点，一是独特壁垒，二是领先速度。

- **独特壁垒**：就是能够创造一个在相对较长时间内其他企业无法模仿和超越的员工体验。比如，有些企业以办公环境出名，一般办公环境的建设需要的成本比较高，这就建立了一种其他企业较难模仿的员工体验壁垒。更具有独特壁垒特性的是企业文化，因为企业文化的打造不是一朝一夕的事，而且和领导团队的持续管理风格有关。类似这样的独特性才是能够相对持久保存的。

- **领先速度**：这一点也比较好理解，基于员工体验源于比较的原理，那么一家企业如果无法创建独特壁垒，可以尝试每次比其他企业思考超前一些，决策比其他企业更快一些，也能达到很好的效果。

2020年新冠肺炎疫情期间，各家企业的响应就是很好的示例。危机时刻正是企业提升员工体验的好时机，因为此时如果企业能够从员工需求出发，并平衡企业的需求迅速做出决策，就能大大提升员工的体验。

就拿口罩发放来说，企业平时发放口罩可能只是作为劳防用品相关的普通福利，但是在疫情发生时，如果企业能够第一时间预测到员工的需求，在早期就迅速准备好口罩，对于员工来说就是最大的福利和体验。如果企业动作慢，无法提供口罩，员工看到其他企业及时发了口罩而自己的企业没有，感受和体验就会有所下降。

1.2.2 新技能

有了新思维作为基础，HR 还需要掌握一些新的技能和方法才能更好地应对这个变化的时代。

数据分析

基于数据决策思维，HR 还需要相应掌握一些数据分析的技能和工具，才有能力从数据中发现问题。有的 HR 可能会觉得数据分析很难，需要用到不少专业工具甚至编程，但其实基于经验，HR 只要能够利用类似电子表格这样的工具对数据进行处理、分析和思考，并将数据分析的能力融入平时的工作中，就能够满足大部分 HR 日常数据分析的需求。

企业在进行业务变革时总会设定一些目标，例如业务创新、简化流程、有效团队协作等定性的定义，但是如果不通过数据方式来衡量目标，那么企业的变革项目可能就永远无法结束。因为每个人对这些定性描述的理解是不一样的，对目标是否完成的理解也不一样。

如果企业能制定一些合理的指标，例如，衡量现有流程中的节点数和流程所经历的时间，制定对业务创新能力的评估准则，进行团队协作顺畅度的反馈调研等方式，变革团队才会有清晰的努力方向和目标。因此，HR 如果想要更加贴近业务或者让工作成果更有效地被看到和认可，就要学会数据分析技能。

在这里有一点重要提示：HR 在思考量化的方式时，也需要考虑到有些量化方式最初设计时可能并不一定合理，经过后续实践的检验，才能更好地验证。因此，企业应该允许 HR 在组织变革过程中结合具体情况对衡量方式进行调整。

如果不事先明确这点，相信很多的量化设计就会十分保守，因为大家都会担心设定了目标但是做不到。在考虑目标时要考虑如何才能更好地激

第 1 章
破局：创新思维能力突破

发团队的能动性，这也是细节决定成败的例子之一。

顾问咨询

在变化的环境中，业务部门也会遇到很多新的挑战，因此也会需要 HR 作为专业顾问共同设计或者优化必要的工作方式。例如，在变革中通常要进行组织设计，组织设计并不是简单的组织架构设计，因为单从组织架构图中看不出战略目标、关键流程、职责范围。组织架构是偏静态的，但组织永远是变化和动态并着重未来的。因此，组织设计通常要经过评估、设计、实施、优化等阶段并不断进行循环迭代。如果 HR 有这样的组织设计的咨询能力就能很好地满足业务部门的这个需求。

有了战略咨询的思维，HR 也能更好地思考 HR 数字化转型如何能从战略出发，满足企业领导层的战略需求，支持组织的发展。市场环境不断变化，HR 在工作时需要对业务战略有一定的洞察和见解才能更加有的放矢。如果企业有战略部门，HR 就需要和战略部门紧密沟通，了解战略方向，让组织设计及 HR 数字化转型的工作真正有引领的方向。

就像我们要造一艘船，需要先明确这艘船是货轮还是客轮，是追求速度还是追求载货量，是民用还是军用，是在水面上航行还是在水下航行。需要达成的目标不同，最后就会有完全不同的设计。因此，HR 的工作也要从战略需求和顶层设计出发。

当然也有很多业务部门的需求，只是针对部分业务变化，在之前架构及流程基础上进行改动。这时 HR 也需要通过沟通分析，了解业务变化的目标以及最终需要实际解决的问题是什么。

如果没有这个过程和思考，HR 数字化转型一方面就会缺失了前行的方向，另一方面会为后续的变革沟通管理带来很大的障碍。如果不知道变化背后的根本原因和目标，如何能影响更多人跟随和支持这个变化？

再回到造船的例子，如果明确了是需要设计制造用于海面航行的民用客船这一战略方向，我们就会发现，在同样能满足需求的前提下，不同团队设计出的船的形状和种类也是千差万别的。HR 的业务伙伴工作也是一样，在战略方向明确以后，具体的解决方案同样是没有标准答案的，如果 HR 具备了顾问咨询的能力，就能很好地与业务部门合作，通过管理咨询的方式与业务部门一起共创解决方案。

HR 在组织设计和 HR 数字化转型中的角色也应该是以顾问、引导、教练为主去了解清楚关键业务客户，引入战略地图、流程设计、设计思维等方法论和外部市场信息，与关键业务客户建立信任，引导业务决策层共同讨论来进行顶层流程设计和管理策略的制定，并以此为基础引入数字化进一步赋能业务。

因此，学会顾问咨询的技能和工具，能助力 HR 更好地在迅速变化的时代从业务战略需求出发与关键业务客户建立信任伙伴关系，进行组织设计和 HR 数字化转型。

1.2.3 新管理

项目管理

通过咨询，在有了战略方向和顶层设计之后，HR 就需要通过项目实施来结合 HR 数字化和设计规划让解决方案在企业内部真正落地。

有时企业会在战略方向和顶层设计阶段先用第三方咨询公司，之后再转到企业内部的团队来进行。应用这种模式时，我们会发现如果之前太依赖于第三方，那么解决方案在落地实施时会困难重重。因为第三方顾问对企业的历史情况及人员情况细节不甚了解，在设计时会有各种疏漏。细节又决定成败，因此在实施时就会出各种问题。

相对完美的做法是由 HR 来负责整个咨询项目从前到后的实施，其中可以引入第三方的支持，但同时 HR 也能够把握细节，这样就能很好地管理咨询公司产出真正注重细节的设计。在咨询公司退出后，还能继续领导实施、跟踪及持续迭代的工作。

因此，HR 也非常需要掌握项目管理知识，提升对于项目范围、计划、实施、跟踪，风险及利益相关者管理的能力。否则很容易掉入各种管理陷阱。在组织设计变革中，HR 的项目管理能力对于整个项目成功来说至关重要。

变革管理

环境的快速变化一定会给企业里的人和事带来相应的变化。但凡变化涉及人，就不会是那么轻而易举能完成的。HR 需要通过变革管理来推动变革的落地，真正体现价值。

组织中出现任何变化，在被影响的人群中对待变化都会有不同的态度，有带头引领变革的、跟随变革的、观望变革的人，还有抵触变革、捣乱的人。如何让尽可能多的员工能够认同变革，跟上变革的步伐是组织设计的关键。因此，HR 必须制定相应的变革管理计划。

变革管理计划和战略结合越紧密，领导层一定会越支持，在日常工作中对员工的影响也就越大，因此推动变革落地也就越容易。

在变革管理计划中，HR 要依据不同类型员工的不同需求及对变革的不同影响程度，来设计不同的沟通策略和方式来达到影响的目的。在实施过程中也要能通过一些短期里程碑工作的达成来稳固成果，稳定军心，以此来坚持推动变革的实施。

运营管理能力

通过顾问咨询出方案，以及通过项目管理和变革管理将方案在企业中实施和落地后，HR 就要考虑在日常的运营中如何保质保量、提升效率和持续改进。项目是临时的，但运营是持续的，如果平时就了解如何能高效地管理日常运营，清楚在日常事务中会遇到什么挑战，我们就能在变革的咨询和项目阶段提前提出需求，做好准备工作。因此，HR 的各项管理能力越全面,就越能有大局观,在各项工作中进行整体规划和相互借鉴的灵活度也就越高。

除了对事务的管理,在人力资源运营过程中对人的管理也特别重要。由于会有越来越多的新生代员工加入职场,传统的管理方式可能就不一定适合年轻的员工,只有那些不按套路、不断变化、持续学习、做好榜样的领导才能真正获得员工的认同。另外,由于合作模式的变化,每个人在团队中也可能需要发挥更大的作用,成为某一方面的领导。因此,HR还要学会运用影响力,进行向下、向上和平级间的管理。

敏捷管理能力

企业在数字化转型过程中会面临非常快速的变化,而传统项目管理的缺点是投资大、周期长,应对快速变化的风险高,当企业好不容易制定好完整的需求开始项目实施的时候,万一周围环境发生很大的变化,就需要重新回到设计阶段,经过一系列修改再重新实施,代价比较大。

在运营阶段,由于流程相对固定,外界一旦有变化也会出现现有流程效率降低的问题。因此这就对HR在项目管理和运营管理的基础上,提出了敏捷管理的要求。所谓敏捷,就是要能在快速变化的环境下,拥抱变化,灵活应对并快速解决问题,响应业务需求。通过学习一些敏捷管理相关的方法论、流程和工具,就能让HR拥有敏捷应变的管理能力,做到兵来将挡,水来土掩。

1.2.4 新视野

在环境快速变化的时代,我们不仅要重视企业内部的学习交流,还要持续向外部进行市场拓展。HR需要有更广阔的视野,不要把眼光仅局限在企业的内部,要积极从以下几个方面来汲取外界的知识和养分:

- **最佳实践**:我国现存企业数量众多,很多民营企业正在崛起甚至实现弯道超车，国企也在紧随国家政策持续变化与发展。因此，各行各业的企业都有着不少最佳实践，HR 要多了解不同企业的最佳实践，相互学习，借鉴其精华为自家企业所用。

- **政策动态**：HR 要放眼企业外部的政策变化，持续考虑自身在外部市场环境中可持续提升的空间。
- **技术趋势**：技术的迅猛发展让我们随时都能接触新事物，作为 HR 可以通过外部拓展去了解更多技术的发展趋势，了解在市场上这些新技术到底能够做什么，然后作为连接员工需求和技术间的纽带，去思考如何能够与外部或内部的技术团队合作，利用技术来解决人力资源管理问题，提升员工体验。
- **业界人脉**：为了 HR 自我的学习成长和职业发展，很多外部社群也可以帮助 HR 持续拓展人脉，向他人学习，与外部同行和跨界朋友们的更多互动一定会受益匪浅。

基于以上对于 HR 在新思维、新技能、新管理、新视野方向的分析，可以看到，如果 HR 希望能够更好地应对数字化时代的快速变化，贴近和深入业务，得到业务部门的重视并创造出更多的价值，就应该更多地掌握和综合运用数字化思维、数据分析、管理咨询、项目管理、运营管理、敏捷管理等各方面的能力。

传统 HR 团队在以上这些能力上的知识积累和经验历练上会相对薄弱。有时会使 HR 在变革中、在业务团队中的话语权不足，进而导致缺少贴近业务的历练机会，如此循环形成困局。

如果 HR 在日常工作中可以学习并养成习惯去应用这些新能力，就能进一步和业务部门达成更好的合作。例如，平时善于倾听业务部门的需求和问题，了解相应的业务工作衡量方式，了解业务的痛点。在向领导汇报和提案时善于用流程文档及数据分析来反映现状，并基于事实提出建议，同时说明建议如何能够解决相应的业务痛点。相信这些能力的日积月累，能让 HR 在数字化时代灵活应变复杂情况并真正为业务赋能。

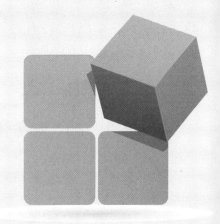

第 2 章

技术：
数字转型全新体验

2.1 HR数字化转型的思考方向

2.1.1 什么是HR数字化转型

数字化已经是全球化趋势，各行各业都已走在数字化转型的道路上。企业在数字化应用上的不断创新过程中，也会对HR部门提出更高的要求，HR作为发展人才的主要部门，必须跟上数字化转型的步伐，才能更好地为企业培养更多数字化人才。

市场上的技术变化日新月异，企业员工包括HR自身都能在日常生活中体验到各种大数据和人工智能相关的技术创新。因此，在工作环境中我们往往能感受到人力资源相关应用在员工体验上与外部应用的体验差距，这就倒逼我们需要加快HR数字化转型的步伐。

随着企业中大数据、人工智能、自动化的应用和业务复杂度的增加，HR将无法通过传统人工的方式来完成未来数字化时代的工作。因此，HR数字化转型对于人力资源部门来说，对于提升体验、增加效率、解放时间、贴近业务、创造价值等方面，都具有非常重大的意义。

那么，到底什么是HR数字化转型？HR数字化转型的方向应该如何进行规划？HR数字化转型和传统的人力资源六大模块、三支柱及HR信息系统有什么关联呢？

首先，HR数字化转型并不简单等同于HR信息系统建设。因为自从20世纪60年代开始，就有了第一代用来计算薪资的HR信息系统。现在特地采用"转型"一词，说明传统HR信息系统这种仅为达成HR工作降本增效目标的思维,已经不能满足当今企业数字化转型的要求。

由于历史原因,很多企业存在着不同的、相互割裂的 HR 信息系统及周边系统,随着时间的推移,维护和整合的成本变得越来越高。

HR 数字化转型也不是对人力资源六大模块和人力资源行业的颠覆,我们日常需要做的人力规划、招聘选才、绩效管理、培训发展、员工关系、薪酬福利等工作一样都不能少。现在很多企业正在使用的人力资源三支柱架构应该还会是主流的架构,只是各家企业的细节构成各不相同。

那么 HR 数字化转型到底转的是什么呢?答案是 HR 数字化思维,只有思维转变了,一切才有可能真正被打破和转变。在这个数字化思维转变的过程中,最关键的是要有由外而内的思路。所谓由外而内就是 HR 要从所服务的业务部门和员工出发,去分析在数字化时代,业务部门和员工会期待有什么样的数字化体验来提升业务结果和员工敬业度。

通过先做加法思考,后做减法聚焦的方式,我把 HR 数字化转型的方向归纳为如下两个主要思考方向(见图 2-1):业务数字化体验和员工数字化体验。

图 2-1 HR 数字化转型思考的方向

2.1.2 业务数字化体验

从业务视角来看,现在企业里的业务各部门的运作也都逐步向大数据、人工智能、自动化技术等数字化方向靠拢。

因此，业务部门的数字化意识正在逐步加强。在和 HR 部门交互的过程中，业务部门也希望 HR 能想到利用技术来解决业务问题，利用人力资源数据分析来助力业务决策和发展。

在这个背景下，HR 需要从业务角度来思考并与业务部门进行沟通，来发现业务中有哪些问题可以通过 HR 数字化的方式来解决。以下几项是可以和业务部门共同思考讨论的问题：

- 从业务的战略出发，经过战略解码至每个部门后，每位员工是否清楚自己的工作有哪些关键目标及这些目标和业务目标之间的关系，如果这个认知有差距，差距在哪里，是否可以利用技术让这个过程更加透明化、可视化呢？

- 目前的员工绩效目标设定和管理方式在业务端是否能真正起到员工激励的作用？如果没有，是否可以结合 OKR（目标与成果关键法）等方式更有效地发挥员工的能动性，让管理者利用技术随时全盘知晓整个团队的 OKR 达成情况并动态预测将来的趋势呢？

- 业务部门在公平公正衡量绩效并进行奖励这点上是否有困难？用人工智能和大数据自动识别低绩效员工、进行优化的方式，业务部门是否觉得合理和有用呢？

- 业务部门在识别关键岗位和关键人才上目前是否存在问题？HR 部门是否能有更加智能化、结合大数据的方式来辅助业务部门进行识别，借此发力帮助其解决问题呢？

- 业务前端的快速变化会导致对于人才后备需求和招募需求相应发生动态变化，业务部门觉得当前 HR 对于变化的应对是否能满足业务要求？如果不能，期望点在哪里？运用人工智能招聘是否能够帮助提升业务部门对于人员要求的速度和质量呢？

- 业务部门的日常运作在人员管理上有什么困难？HR 有哪些数字化

方案可以帮助业务部门解决实际日常运作的问题呢？

- 业务部门在识别人才流失风险上有什么难点？离职预测分析在哪些维度可以真正帮助到业务人员管理呢？
- 业务部门需要什么样的人力资源数据才能帮助其做出决策呢？

以上问题只是部分示例，HR只要能站在业务部门的视角思考问题，还能有更多的问题可以去和业务部门共同思考和探讨。

这些问题没有标准答案，但关键是通过这些问题，可以让HR从业务部门的视角去思考业务数字化体验的需求在哪里，并与业务部门达成共识。

在HR进行数字化转型的时候，重点不是先去考虑到底选用什么系统，而是先搞清楚业务当前的问题在哪里，对于HR数字化转型到底有什么期待。基于这个期待，再去思考HR数字化如何才能融入业务的数字化闭环管理中去。

举个例子来说明业务数字化体验的价值：有些人力资源软件的功能设计让员工感觉备受监控，因此被员工所诟病，例如全天定位，强制显示消息已读等功能。但是这样的软件功能却能够长期存在，这是为什么呢？因为此类功能满足了业务管理的数字化体验需求。

当然，我们从这个例子也能看出只考虑业务体验也是不行的。所以我们接下来再来谈员工数字化体验。

2.1.3 员工数字化体验

只有让企业的员工满意才能让企业的客户满意，因此作为HR绝对不能忽略员工的体验。对于员工体验的分析，HR也是有优势的，因为HR在日常工作中最了解的就是人性需求。从员工的角度来分析，由于作为移动互联网原住民的新生代员工全面走入职场，因此作为员工体验的一部分，企业在管理上也要满足新生代员工的数字化体验。

例如，在员工的日常生活中，可以用手机一键搞定的事情，就不要让员工在企业的系统中操作，因为体验的细节决定成败。

在很多大型外企 HR 数字化转型的过程中，本地员工的体验其实是个令人头疼的问题。通常外企总部是在国外，如果外企是集中化的总控管理风格，那么总部会把数字化系统大权握在手中，全球用同一套系统，统一规划。以这种模式为基础，那对于本地员工的体验就是一个很大的挑战和阻碍。因为总部的人远在天边，很难了解本地员工的真正需求，那些形式上通过员工体验调查表进行的调研，也完全触及不到本地员工的内心。有些全球统一的系统即使是在系统中文字的翻译这件简单的事情上来看都是漏洞百出，更不用说具体功能上的细致员工体验了。这也是为什么从中国的 HR 数字化转型之路来看，民营企业比较容易弯道超车。

由于民营企业的总部就在中国，HR 数字化转型负责人本身就很清楚国内当前的最新情况和数字化文化。基于中国互联网等各行各业对于中国数字化应用的巨大贡献，使得我国借着"新基建"的东风，无论是硬件上的 5G 和物联网，还是软件上的数字化应用能力，在世界范围内都已经被很多国家所认同。再加上政府层面的推动，使得我国民营企业具备了天然优势，有更多的自由度和技术选择来更快地进行 HR 数字化转型。我们可以看到民营企业的弯道超车，其实就是充分利用了贴近员工数字化体验这一优势。

从员工数字化体验的角度，我们要真正通过模拟员工在职场中每一个关键时刻的感受，来找到那些关键体验有问题或者能够做得更好的点来进行改善。如果新生代员工喜欢游戏里那种即时激励的方式，那么 HR 就可以思考是否需要把年度绩效考核逐步转换成即时激励的做法，这样的决策就是基于员工体验出发的、更接地气的数字化设计。

如果 HR 能结合业务数字化体验和员工数字化体验来进行思考，就能够在制定 HR 数字化转型方向时有了目标和抓手。在这个过程中，还能基于业务和员工体验需求去制定用哪些关键点来衡量 HR 数字化转型的成效，如遇到问题时我们也可以回归到业务和员工需求来进行讨论。

例如，招人的质量和速度永远都是矛盾的，需要一个平衡点。如果这个平衡点由 HR 来制定，那么业务部门很可能产生抱怨，要么抱怨招人的质量，要么抱怨招人的速度，HR 基本无解。但如果我们从业务角度出发与业务部门一起制定合理的用人标准、素质模型和画像，通过人工智能的方式来筛选评估候选人，这就是一个双方共同认可的，有效确保候选人满足岗位基本要求的做法。

同时，HR 还可以基于业务将来的发展和离职率的预测来分析到底需要招多少人，通过数据分析规划出一个合理的招聘计划，通过分析应聘者的体验来吸引更多的候选人加入企业。对于关键人才招募的有效性，可以通过跟踪新员工绩效及主动离职率等方式，来获得数据并动态调整用人标准和画像，并想办法持续提升员工体验用于员工保留，这样就形成了闭环管理。

通过以上这些做法，HR 可以把业务目标和 HR 数字化转型的方案串联在一起，在与业务部门的互动过程中自然也就能逐步找到平衡点。HR 要从业务和员工的数字化体验出发来制定转型方向和策略，不要再用减员思维来简单粗暴地规划 HR 数字化转型之路了。

2.2 HR 在数字化转型中遇到的阻碍

2.2.1 知识储备不足

从市场人才调查报告中可以看到，大数据和人工智能方面的人才大都是计算机、数学、自动化、电子信息、软件工程等专业出身，转型做 HR 的比例是小之又小。大多数 HR 又是人力资源、英语、心理学等专业出身，因此这两种不同专业类型的人才的特点会有一些本质的不同。

我们可以很直观地看到文、理科的男女比例不同,文科生以女性居多。在思维和做事习惯上,理科生偏重于逻辑条理,而文科生则偏重于关系情感。不同思维方式间的跨界转换会有一定的鸿沟。基于传统 HR 的工作经验加上文科专业居多的特点,HR 群体通常对于数字化相关知识的储备是不足的。

2.2.2 技术合作困难

由于知识背景缺乏的问题,HR 通常可能会需要和第三方咨询或者技术公司进行合作。但这时 HR 也会遇到在合作上的困难点。一是对于技术项目的做法不甚了解,之前如果没有乙方的经验,作为甲方在管理上也会有难度。对于在一些细节上并不知道哪些可以实现,哪些不能实现。二是有时与合作方在沟通时,大量的技术术语往往会让 HR 无所适从,也不知道如何能更好地与有技术背景的人打交道。

2.2.3 系统割裂分散

在很多公司中,信息系统已经发展了很长的时间,各个部门的系统分散割裂。HR 在系统这块如果没有太多话语权,也会导致一些人力资源分析的工作由于系统分散的原因而无法落地。

2.2.4 响应速度缓慢

这一点在全球化的大型外企中相对问题比较明显一些,由于 HR 并不是 IT 部门,因此从提出需求到最后获得资源中间有不少的步骤。另外,如果 HR 在数字化转型上提出有效需求的力度不够强,那么通常得到总部审批和响应的速度也会比较慢。

基于以上这些阻碍点，HR 需要思考在 HR 数字化转型过程中自身主要承担的任务是什么，如何与不同的技术团队或者供应商合作才能达到最有效的合作。

2.3 HR 在数字化转型中的任务

2.3.1 连接技术与人性需求

随着数字化时代的到来，HR 应该如何来应对大数据与人工智能时代带来的挑战呢？我们可以从图 2-2 看到，HR 的工作本质是以人性的需求为基础，其工作范围都是和马斯洛需求层次相对应的。

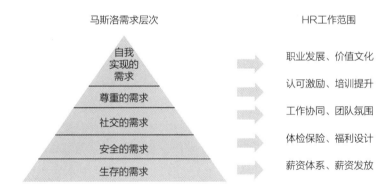

图 2-2　HR 工作与人性的需求的关联

HR 更擅长与人打交道、解决人的问题，而不是成为大数据、人工智能等技术领域的专家。因此，HR 可以先从自己擅长的事情出发，思考在满足员工的需求上企业目前到底存在什么问题。

同时，HR 需要去关注数字化技术发展的趋势，不必了解技术的细节，但是要知道技术能够做什么。例如了解职场物联网、情感识别、对话机器人、大数据预测分析等。

基于对人性的需求的把握和最新技术趋势的了解，HR 就需要更多的想法来作为纽带和桥梁来连接技术与人性的需求。我们以 HR 的不同工作领域为例来分别看一下 HR 在数字化转型过程中可以有哪些思考点。

薪资福利

利用数字技术虽比较容易实现薪资和福利的准确计算和及时发放，但是仅仅做到精确计算就可以了吗？

对于薪资和福利，员工会有不断更高的期望值，大家通常都觉得企业给到自己的工资与福利还不够高。因此，HR 不仅需要利用市场对标结果对公司福利进行合理的设计，还要把相关薪酬福利体系明确告知员工，让员工切身感受到公司为员工提供的薪资福利和市场水平相比到底如何，有哪些方面是领先市场的，公司在整体的薪酬福利上为员工考虑了哪些方面。通过数字化的方式把企业为员工提供的整体薪资福利可视化地呈现在员工面前，可以更好地提升员工对薪资福利的满意度。在员工对薪酬福利有疑问时，HR 能否合理地做出回应，会影响到员工对于薪资福利的体验。

因此，员工对于薪资福利的需求有时并不仅是生存和安全的需求，员工需要觉得自己被尊重，需要觉得自己是被合理地给予了与自身能力和付出相匹配的回报。对于员工高层次的需求，HR 可以在设计薪资福利相关的数字化应用时，思考如何在满足员工生存与安全的需求基础之上，利用大数据和人工智能对于不同年龄、不同性格和不同背景的员工进行分析，匹配更人性化、更打动人心的薪资福利方案并主动推送，让这些薪资福利能满足员工的个性化需求，使得员工本人甚至是家人都能感受到公司的关怀，满足员工社交和尊重的需求。

机器能做的事情尽量交给机器去做，HR 需要考虑的是如何去应对那些机器所实现不了的员工需求并提出新的想法。这就是技术与人性的需求的结合点。

团队激励

业务领导们通常并不会质疑 HR 对薪资福利是否及时发放，而是会质疑在员工上层需求的相关工作中 HR 的有效性。比如，HR 如何有效了解员工在公司工作团队中的合作是否和谐高效，员工工作是否感觉快乐、有价值感等。

我们会发现，通过传统的 HR 工作方式和专业能力是很难对这些工作实现自动化和量化分析的。这时 HR 所能起到的作用就是要结合业务的衡量需求去思考是否有可以用数字化技术来解决的方案。

例如，员工敬业度和员工满意度调查通常是公司为了解员工各项需求是否被满足的一种做法。

在敬业度和团队协作状态的评估工作上，通常很多公司通过一年一次的敬业度调研来进行。但其实 HR 在做敬业度调研的时候，一方面，很多不满意的员工很可能之前就已经离开了公司，根本没有机会打出不满意的分数。另一方面，参与员工的打分也会和本人当时的心情或者其他临时因素有关。在这种情况下，其结果就变得不太可信，而且也不能随时真实反映公司员工团队的真实状况。

这时作为 HR 基于对未来的新技术趋势的了解就可以尝试一些创新想法。例如，从技术趋势中看到有情感计算与识别的应用，考虑是否可以在公司内部通过情感计算和识别技术来分析员工对工作的满意度。是否可以通过声音识别技术来读取会议录音，从而评判团队合作氛围的现状，或是通过邮件内容的语义分析来判断公司的整体沟通风格。从职场物联网的趋势还可以联想到，是否可以通过手环来跟踪员工的健康和情绪状况等。目前已经有公司在进行各种尝试。敢于思考才有可能会实现，在类似场景下的讨论和想法和 HR 是否懂技术无关，有了这些创新想法，就可以把想法交给大数据与人工智能的专家去设计、研究解决方案。

当然，这会涉及个人隐私的问题。基于数字化伦理与道德相关的趋势，HR 可以依据对人性的了解，多思考，提出更多的见解和建议，努力在人工智能和隐私保护之间保持平衡。

共享服务

在 HR 共享服务中心的员工热线咨询解决方案上，HR 可以通过人工智能来回答员工的问题并持续通过机器学习来提升回答的准确度，进而验证当前已有的人工智能方案是否能真正听懂员工问题背后的诉求，解决员工的问题，以及应对有情绪员工的投诉。HR 通过体验可提出人工智能在哪些方面的回应还不够精确，还不够有温度，让技术专家去研究机器如何能做得更好。

在日常流程工作上，HR 可以利用流程自动化技术将一些日常的重复工作转变成自动化操作。目前已经有很多成熟的技术可以实现流程工作自动化，用自动化节省下来的人力、物力，继续考虑如何提升 HR 对于员工服务的温度。

在招聘管理上，我们也可以提出如何能够通过人工智能来完成简历筛选和完成面试。有不少公司正在进行此方面的尝试，而这些尝试也都是 HR 部门与技术部门或者第三方公司共同合作，由 HR 提出需求，在实施过程中由 HR 利用经验来验证人工智能分析和自我学习有效性的。

在离职管理上，HR 可以通过人工智能对大数据分析和机器学习来建立离职预测的相关模型来提前防范高绩效人员离职风险。从离职分析的原因和归类上是否可以摆脱传统的个人原因、职业发展、薪资收入等归类的束缚，进一步从人的需求角度出发分析员工是在哪一层马斯洛需求上没有得到满足。

人才发展

在人才发展领域，HR 可以思考如何利用技术来解决能力发展相关的闭环管理问题，例如，是否有可能采集员工邮件及会议中的文字、语音、视频数据，结合员工的反馈，对所有反馈进行智能综合识别分析来了解员工的行为与公司要求的能力模型的差距，并定制相应的员工培训及辅导方案并跟踪实施？是否可以通过持续采集数据及分析来智能判别员工在行为上是否有持续改变和提升并实时调整培训方案？由于虚拟现实体验的技术已经非常成熟，为了达到更好的培训效果，HR可以考虑用虚拟现实的方式来加强员工的学习体验。

从行为学设计的角度HR可以考虑利用技术来实施即时激励，固化员工的正向行为，赋能员工。有公司在内部用推广电子贺卡的方式来进行相互感谢。如果为了进一步增强该功能，可以让员工在收到感谢贺卡的同时再给予一定的积分，积分可以立即消费换取礼品，这样就能通过多次即时激励的体验，鼓励和引导员工在下一次遇到同样情况时，做出被鼓励的行为反应。

通过以上这些示例，我们可以看出在数字化转型的过程中，HR更需要创新思路、勤思考，基于人才管理的需求和痛点，了解人性需求，同时关注最新技术趋势，将两者结合起来提出新想法。通过HR们在平时不断地思考和提出新想法，就能驱动各种市场上的人力资源技术公司对于人工智能和大数据技术的持续研究与革新。当技术准备好的时候，HR其实也已经准备好了，可以适时切入，进行数字化尝试。有了好想法，我们就能取得管理层对HR在大数据及人工智能等数字化应用场景的重视和持续投资。

至于这些想法具体如何实现，可以交给专业的公司、部门或人去做，让技术工程师利用机器学习技术来进行可行性评估和技术方案设计，再由HR来检验数字化方案是否能真正解决业务部门与员工的需求问题，这样就能充分发挥HR和技术合作方各自的优势。最后总结起来就是一句话：HR更要有想法而不是懂算法。

2.3.2 了解架构掌握基础

了解了 HR 在数字化转型中所应该担当的角色之后，我们再来简单学习一下 HR 数字化转型中的技术架构示例，基于对系统架构的基础了解，我们就能理解数字化想法如何可以最终通过技术方案落地，以便于我们更好地应对与技术团队的合作。

技术架构图的好处是能够从整体了解数字化系统的组成部分，企业中整体的信息系统技术架构是非常复杂的，完全没有标准答案。对于 HR 来说，只需要了解技术架构的大致含义及背后所需要的注意点，并不需要知道技术细节是如何实现的，通过对一些通用技术架构的简单了解，可以提升 HR 与技术人员之间沟通的效率。

在 IT 领域通常会比较有逻辑性地将数字化系统以分层架构的方式进行设计和展现，用以明晰整个数字化系统架构是如何搭建和交互的。我们以图 2-3 为例来介绍一些与技术相关的关键名词及其背后的含义。

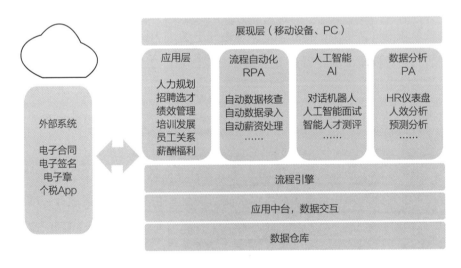

图 2-3 HR 数字化转型的技术架构示例

展现层：展现层也叫用户层，是指数字化系统中直接和用户打交道的设备，例如，笔记本电脑、手机、平板电脑等。HR 系统同样的内容和功能，员工可以通过不同的设备进行访问，满足不同员工的需求。办公室员工可以通过电脑浏览信息，而销售员工更偏向于使用移动设备访问系统。

应用层：应用层主要是指用户日常使用的系统功能，通常会按照模块来划分。由于传统人力资源的六大模块还是能够比较方便地概括 HR 的日常工作的，因此可以以此来大致归类不同的 HR 数字化系统的应用功能。

流程自动化：机器人流程自动化技术是当前在人力资源数字化新技术中应用最广泛的，其原理是依据一定的规则模拟人来进行自动操作，例如，自动登录网站搜索下载简历，根据学历、专业、工作经验等指定条件筛选人才，发送邮件通知等，这样的功能不需要颠覆现有的系统，因此更容易被企业所采纳。

人工智能：人工智能应用主要包括自然语言的识别与处理、语音图像识别、机器学习等技术，在实际应用中 HR 共享服务中心的聊天机器人可以通过语义识别员工的提问，自动寻找最匹配的答案，指引员工完成相应的操作。用于智能面试的招聘机器人可以利用人工智能技术，通过分析面试者的视频语音来判断候选人的能力。

数据分析：从业务角度来看，目前对于 HR 数字化系统最大的需求就是数据相关的分析，包括通过 HR 仪表盘来实时了解最新人才相关的数据和基于数据的洞察和预测。HR 在设计 HR 数字化系统时可以和业务部门进行充分沟通，了解在业务决策上需要哪些人才相关的数据，并在系统中提供相应的功能模块。

数据交互：由于员工的数据通常会被各种系统和应用所用到，因此在大型企业中通常都会有数据的接口用于在不同的系统中传递数据，这也是数字化架构中不可忽视的重要组成部分。为了让数据的交互变得更有效，减少将来系统变化时的风险，企业通常会设计一层数据交互中转站，用统一的格式把一些数据都汇总到这里然后再分发出去。

应用中台：为了让更多的应用能够被重用，HR可以将某些应用抽象成更多的服务，例如，大多数的数字化应用都需要用户登录，如果能把登录这个功能抽象出来供所有的应用使用，我们通常称为单点登录，就可以减少用户重复登录各种不同系统的麻烦。

数据仓库：顾名思义，就是把各种数据都集中到一起的地方，就像是仓库一样存储了所有的数据。因为在数字化时代我们如果需要进行大数据分析就必须要集成各部门的数据甚至是企业外部的数据。通常各个系统都有不同的数据存储方式，因此通过建立数据仓库把所有的数据集中起来供今后分析是一种比较好的行业实践。

数据可以分为结构化数据和非结构化数据。结构化数据，是指由二维表结构来逻辑表达和实现的数据，数据以行为单位，一行数据表示一个实体的信息，每一行数据的属性是相同的。非结构化数据包括办公文档、文本、图片、音频、视频等。

外部系统：随着我国新基建的加速和云系统技术的普及，社会、企业间信息数据交互变得越来越频繁，不少服务例如电子合同、电子签名、电子章、个税系统等都可以助力HR数字化转型，因此在企业的数字化应用中往往也会牵涉到公司外部提供此类服务的政府机构及供应商。

通过数字化系统架构的大致了解，HR可以更好地与技术团队进行沟通并规划企业的数字化转型方案。要提醒的是，HR数字化转型要注重整体规划，必须和企业的整体IT部门的架构整合在一起考虑，这样才能发挥数字化系统的最大效能，同时也有利于企业未来数字化应用的持续发展。

2.3.3 咨询项目实现转型

在了解了数字化转型的基础知识，基于业务部门和员工体验的需求有了新想法之后，如何才能让HR数字化转型真正发生呢？这就需要HR组建一支团队,可以是企业内部团队,也可以包括外部合作团队,基于需求来逐步制定解决方案和实施计划,并通过变革管理来确保数字化转型的顺利实施。

数字化转型过程中 HR 需要做到如下几点:

引领变革:既然是 HR 数字化转型,那么 HR 需要在这个过程中起到主导作用,了解业务和员工的痛点和需求,带领项目团队,向着解决这些痛点和满足需求的方向迈进。

调动资源:巧妇难为无米之炊,基于数字化转型策略和计划,HR 要善于分析和估算在整个过程中自身所需要用到的资源以及可能会遇到的困难和阻碍。HR 如果能将策略拆解成可执行的任务计划,并基于详细分析来呈现自身对于资源的需求,那就可以提前协调和调动资源来获得人力、物力上的支持。

获取支持:在整个 HR 数字化转型的过程中一定需要有多方的配合,才能获得更高成功的概率,例如,公司领导层、HR 团队、技术团队、供应商、经理和员工都需要在此过程中共同配合才能完成 HR 数字化转型和持续改进。在数字化转型过程中不仅仅涉及公司数字化系统的变化,更重要的是对于相应人员的工作范围也会有变化和影响。因此,HR 一定要做好变革管理,在制定解决方案的过程中分析相关的影响度,从而了解变化会对哪些部门的哪些员工带来影响,并通过各种方式来尽可能多地获取关键人员对变革的支持。

共创方案:HR 数字化转型也是一个创新的过程,有了大家的支持,HR 需要进一步集合大家的力量进行共创。在 HR 数字化转型过程中不能仅仅依赖于技术团队和 HR 团队的闭门造车,要尽可能多地让用户参与并持续获取最终用户的反馈对产品进行迭代。有了共创的过程才能更好地确保人力资源数字化产品能真正满足业务和员工的需求及体验。

验收成果:由于是 HR 引领变革,最清楚团队需求和变革方向,因此

HR需要带领团队对于HR数字化转型中的关键成果进行验收，确保每一步的产出都能满足业务部门和员工的体验需求，满足当时预想和规划的目标。

这些关键点可以融合在咨询和项目实施的过程，以逐步达成HR数字化转型的目标。

2.3.4 积极推动数字应用

HR在进行数字化转型时，不一定都要立刻着手去实施那些高大上的人工智能、大数据预测等功能，因为对于这些技术，业界也只是在进行各种尝试的阶段。

为了提升HR团队的数字化应用能力，我们可以积极尝试，把现有的一些成熟软件工具利用好，培养团队使用数字化工具的能力和意识，提升团队工作效率。只有工作效率提升了，才能省下更多的时间去研究HR数字化转型，否则，盲目尝试各种新系统可能是缘木求鱼。

我们以传统的HR办公文档处理为例，来看看HR可以通过哪些思考和行动来推动企业内部对于数字化应用的有效利用。在HR的工作中大家应该都经历过如下一些低效的合作场景：

- **人员数据统计**：当我们要从各团队统计信息时，往往是需要有一个人把表格发给不同的负责人，从不同的负责人那里收回表格后，接着要把内容都整合到一张表里。一旦有任何一个人要修改，负责整合的人就又得重新拷贝或者更新内容，非常低效。

- **日常通知撰写**：HR经常要写全员通知邮件，这个过程通常是一人撰稿，多人审稿。有时会收到口头反馈，有时是书面反馈。如果还要远程协作就更不容易了，当面沟通一下就很容易达成的共识，在电话中有时需要花更多的时间来明确，还可能会产生误解导致多次反复。最后HR通常会发现在自己的电脑里存了很多版本的修改稿，如果不注意版本管理，改到后面自己都不知道哪个是最新版本了。

- **会议 PPT 制作**：通常要准备演示文稿时，大家都会寄希望于部门中 PPT 水平相对较高的同事，然后分别给出信息和数据让这位同事来整合制作 PPT。对于整合者来说，这其实就是额外的工作负担，关键是对于 PPT 最后的效果通常也是提意见的人多，动手的人少。而且由于不同人的审美也不同，"字体大一点""颜色深一点""弄得再好看一些"之类的建议，会让整合者比较崩溃。

为了解决类似的问题，市场上已经有很多在线协同编辑软件，HR 可以先从这些现有的工具开始尝试团队的数字化文档协同。

这些在线协同编辑软件的特点是：任何人可以随时在自己的电脑上编辑同一个文档，而且会有相应的机制确保每个人的输入都会被自动整合到一起，不会有在公共盘上编辑文件那样有需要锁定和内容相互覆盖的问题。有些软件还可以随时看到同时有几个人在编辑，以及各自在编辑文档中的哪一部分，而且所有的历史版本也会自动被系统记录和保存。

利用这个在线协同功能，针对刚才那些场景，我们就可以想到利用协同方案来解决：

- **人员数据统计**：建立一个在线协同表格给各单位负责人，让大家同时编辑这个文件，编辑完成之后直接下载即可。
- **日常通知撰写**：撰写通知的人写好稿件后，把权限分享给负责审稿的同事，负责审稿的同事如果发现有需要修改的地方，直接在线修改即可，不用再电话反复沟通。
- **会议 PPT 制作**：整合者建立一个共享的 PPT，然后大家可以同时编辑 PPT 中各自不同的页面，在编辑时因为能看到其他人的页面，还可以相互借鉴。编辑完之后整合者可以从整体上稍做调整。最后对 PPT 效果有意见的，可以基于谁有意见谁修改的原则，自己去线上协同调整字体、颜色、图片即可。

虽然市场上已经有很成熟的协同工具了，但只有少数 HR 团队在经常使用这些协同工具。是什么制约了文档数字化协同工具在企业中使用率的提升呢？除了有些小公司因为人员少没有协同需求以外，主要有以下几项原因：

- **宣传不到位**：文档协同需要一起协同的团队内部人人都熟悉协同工具的基本操作，但是如果企业没有清晰的管理规范，大家没有共识的话，就很难进行下去，因此这是一个要通过宣传和培训来解决的问题。

- **领导不使用**：在协同的过程中，领导通常要审核团队成员的工作成果，这时就需要领导起到带头作用，学习和使用这些新技能，尝试利用协同工具来直接修改文档。如果领导自身都不习惯使用这种协同工作方式来与团队合作，那也很难带动员工。

- **习惯难改变**：要改变一个人的习惯是需要时间的，如果在团队中有人遇到困难不愿意坚持，那就很容易在紧急的时候，又回到了原来的做法。

- **使用出错误**：在开放编辑权限后，有的人会因为不熟悉操作，不小心去编辑不属于自己的内容或者随意更改了别人的内容，虽然这些可以通过历史版本来追根溯源，但如果出现多次这样的错误，大家就会觉得这样做效率比较低，从而丧失信心。

- **数据安全性**：由于有的公司没有企业版平台，对于外部系统的数据保密和安全性有担心。特别是 HR 平时会处理很多类似员工的个人信息和薪资等敏感数据。这些担心阻碍了大家进一步的协同尝试。

找到问题的根源，我们就可以相应地想到如下一些解决方案：

- **领导带头改模式**：这一点是提升推动力比较关键的点，领导带头使用协同工具，是宣传工具的最好方式之一。
- **全员培训来实践**：准备相关的示例进行培训，在培训过程中最好让所有人一起动手操作。体验式学习会比单纯讲解有更好的促动效果。同时，HR 也可以演示一些常见的出错情况，避免大家一开始使用时因为不熟悉而出错，产生挫败感的问题。
- **简单工作始协同**：为了让大家体会到协同对效率的提升，增加信心，可以从简单的协同和对于保密性要求不高的文档协同开始，例如，通知撰稿等。大家有了经验，看到了效果，自然就会有更多人愿意有新的尝试。
- **建立平台护信息**：通过建立企业版的平台可以更加规范对于公司敏感信息和文档的保护，确保公司数据的安全性。

从以上示例分析我们可以看出，HR 数字化转型并不仅仅是技术的问题。即使有了现成的技术，如果不去排除其他阻碍因素，技术还是没有办法在企业中真正被推广应用。因此，HR 如果想要进行数字化转型就必须要进行通盘整体思考和行动。

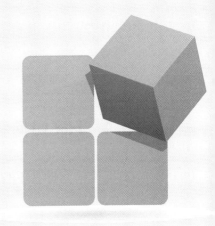

第 3 章

数据：
量化管理驱动变革

3.1 HR 如何利用数据驱动变化

3.1.1 为什么 HR 需要数据分析

在数字化时代，无论是人工智能还是信息系统，所有这些技术的基础都离不开数据。在大数据时代，更多的公司会以数据分析的结果作为战略决策的指引，在有限的时间内从庞大的信息中找到优先需要重视的问题并研究对策。

在这样的背景下，人力资源数据分析也已经成为一个非常热门的话题，有不少公司已经专门设立了人力资源数据分析岗位。人力资源数据分析对我们来说有什么好处呢，我们举个例子来说明一下，平时大家在工作中有可能会用主观的方式来描述人力资源的问题，例如：

- 我们公司员工的生产效率比较高
- 公司团队的氛围有待改进
- 最近很难招募医药研发人员
- 最近人员流失问题比较突出

大家是否会觉得这样的描述不够有说服力呢？如果我们换成如下方式，是否觉得描述就更清楚到位了呢？

- 我们公司的人效比比行业平均水平高 30%
- 公司的敬业度调查结果比去年下降 5 个百分点
- 目前平均医药研发人员的招募时间是 3 个月
- 目前为止，员工的年化离职率为 40%

这就是数据的意义，能够让我们更理性地看待问题，作为 HR，我们需要更多的学习和实践来学会灵活运用数据进行分析和讲故事。

3.1.2 如何利用数据度量

管理大师彼得·德鲁克说过："没有度量，就没有管理"，因此对于人力资源管理来说，既然要管理就得有度量。没有量化，跟着感觉走，就很难把握方向。

从问题解决的闭环流程我们知道了企业当前的现状是什么，接着就需要对其诊断。诊断首先会基于现有经验来选择一个模型判断诊断的维度，例如从流程管理来说，我们可以诊断的维度有数量、质量、速度、成本、价值等。有了这些维度我们就可以思考相应的数据诊断方式。

通过人力资源的六大模块划分，我们可以得到如下的一些度量方式（见表3-1）。

表3-1 人力资源度量指标示例

	数量	质量	时间	成本	价值
人力规划	人员需求数量 员工增长率	人员要求能力	年度规划周期	人力成本总额 人力成本占比	人力投资回报率 员工平均利润 人效增长率
招聘选材	招聘人数	试用期通过率	人均招聘周期	人均招聘成本	关键人才招聘完成率 新入职员工绩效优良率
绩效管理	高、低绩效人数被动离职率	淘汰率	低绩效员工改进周期	人均绩效管理成本	劳动生产率
培训发展	人均培训课时	培训满意度	培训完成周期	人岗匹配率	绩效提升率
员工关系	员工人数 每月入职人数 主动离职率 关键人才离职率	人力资源数据准确率	人均到岗时间 人均服务年限	人均运营成本	员工满意度
薪资福利	每月薪资发放总额	薪资发放准确率 薪资健康率	薪资发放及时性	人均薪资福利成本	员工敬业度

3.1.3 如何利用数据讲故事

仅有这些机械的指标也是没用的,因为每家企业的情况都不同,所以我们必须要通过数据把背后的故事说出来。故事的特点是引人入胜,发人深省,我们要让数据发挥作用,通过数据表达自己的见解和洞察。

例如,对于全年销售业绩,虽然我们可以通过如图 3-1 这样简单的图表来展示,但是这张图不太容易明确分析者想要表达的点。

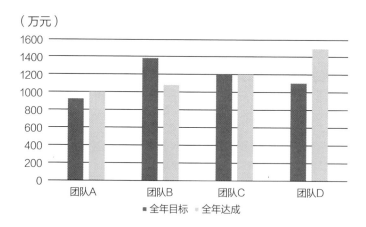

图 3-1 全年销售业绩

同样的数据,我们尝试换一种表达方式看看(见图 3-2):

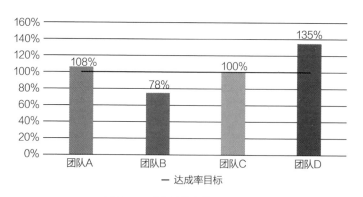

图 3-2 全年销售业绩达成情况

同样的数据，呈现的方式不同，展现的侧重点也会不同，从图 3-2 中我们可以很清楚地通过达成率的维度和颜色区分看出分析者的意图是要告知大家团队 D 超标，而团队 B 没有达标。用合适的数据维度来表达会让分析者的意图一目了然。

基于良好的数据呈现方式，如再能加上分析发现，也就是在获取数据后通过分析和调查，进一步发现的在数据背后的一些根本原因及可能的机会点，其表达效果就更如虎添翼了。

为什么这么说呢？我们来看一下对图 3-2 补充分析发现之后的效果（见图 3-3）。

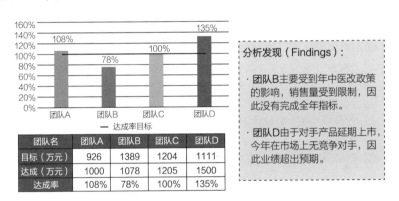

图 3-3　全年销售业绩达成情况分析

从图 3-3 中添加的分析发现可以看出，制作图表时我们其实已经在结合各方信息来解读背后的故事了，有时业绩好并一定是团队特别出色的结果，业绩差也不一定是团队不努力。没有这个分析发现就有可能会造成阅读者先入为主的曲解。

从用数据讲故事的角度来看，我们需要通过数据来发现问题，找到根本原因，引发相关人员的重视和支持，并通过数据跟踪问题是否被解决。

3.1.4 数据分析的逻辑方向

虽说我们知道了数据分析的意义,特别是在当今大数据时代,数据分析能力的重要程度也毋庸置疑,但可能很多 HR 会有如下的问题和困扰:

- 我数学不好,不懂算法,是不是就做不好数据分析呢?
- 如何能让别人觉得我的数据分析与众不同,且深入有洞见呢?

其实做数据分析最关键的是先要培养数据分析的思维框架,形成正确的分析方向。为大家介绍一个能够快速有效培养数据分析思路的工具,我将此称为长链分析。

所谓长链分析,就是将自己的思维从横向时间轴和纵向逻辑轴两个维度拓展,让自己的思考向全面和深度的方向迈进,你的思考面越广、深度越深就能产生更多有洞见的观察和想法(见图3-4)。

图3-4 长链分析

时间轴

横轴代表事物发展的顺序,称为时间轴。事物的发展会有很多环环相扣的前因后果关系,因此,我们如果能把这些不同时间点的数据串联起来就可能有更多的发现。

我们以人力资源相关分析为例，在人力资源领域中我们通常会进行招聘分析、绩效分析、离职分析、人力成本分析等不同类别的分析。有不少公司的分析侧重点会更着重当下的需求。例如，在招聘期间，侧重点是如何以最快的速度把人招进来满足业务需求。因此，对于招聘人员的能力和绩效的评估，往往会通过每个岗位招聘完成所经历的时间、人均招聘量及用人经理在招聘完成后的满意度等维度来分析。

如果你在分析招聘数据时也主要着重这几个指标，那么恭喜你，你是一位有经验的好员工，掌握了当前市场上通常的分析方法。不过，如果你每次都谈这些指标，我相信大家不会觉得你有更深入的洞察，因为大家都知道要看这些数据。

那如何进一步拓展分析的广度呢？我们可以在考虑当下需求的基础上，再把时间轴拉得更长一些，去看看在招聘之后能不能发现什么问题。比如，有些公司会把新员工是否通过试用期作为另一个招聘质量的衡量点，这个做法至少能将时间往后推移几个月来验证招聘的质量。

如果我们继续拓展思路沿着时间点往后看，我们可以去关注新招员工在第一年年末的绩效情况。因为一个人在加入公司一年之内所取得的成绩，很多是由他过往的知识积累、学习能力、人际相处能力等来决定的，因此员工第一年的绩效情况和招聘质量会有比较大的关联性。

我们还可以沿时间点再继续往后看，关注员工离职的时间，我们会发现不少员工是在入职一年之内离职的。这很有可能是员工进入公司以后，能力上的人岗不匹配，或者由于性格、价值观等无法改变的特质和公司的团队文化氛围不相容等因素造成的。发生这些事件和招聘质量也有一定关系。因此，我们还可以尝试从离职分析来反观招聘的质量。

看到这里，你会发现其实我们已经把招聘分析、绩效分析、离职分析关联到了一起，再来看看招聘之后用人过程中的用人成本，其实也是能有所发现的。我们在完成招聘之后可以定期分析一下，比较新员工群体整体薪资状况和现有员工群体薪资状况，是否会有明显的差距，如果因为时间的压力用提高薪资的方式来招人，最后就可能会导致用人成本迅速上升和一定的内部薪资失衡，这些问题都是可以从数据角度通过分析来发现并深入讨论的。

不仅是把时间点往后推，我们还可以把时间点往前推，分析新员工的来源。通常大公司的招聘渠道有社招、内招、校招、员工推荐、第三方招聘供应商、猎头等。我们把时间链上各环节的数据通过渠道来区分，就可以看出哪些渠道的综合招聘质量最好。

如能做到这样的时间轴长链分析（见图3-5），我相信大家的洞察力就能提升一个层次。同时，这些分析也并不需要高深的算法，普通的数据收集、分类统计和对比就能做到这一点。

图3-5 招聘的时间轴长链分析

逻辑轴

分析完横向的时间轴，我们再来看纵向的逻辑轴。逻辑轴主要是通过数据分析进一步寻找根本原因，将数据分析的结果转化为行动。如果数据分析的结果没有成为行动的输入，那么做数据分析是没有意义的。

那我们如何来进行思考呢？逻辑轴中的问题就能起到一个很好的引导作用。这两个主要的引导问题分别是"为什么"和"真的吗"。任何事情只有解决这两个问题有时才能找到真正的原因，否则容易停留在表象。

以销售报表为例。大家在日常工作中看到类似报表时，是否会在图表之外看到一些附加的数据洞察的说明呢？很多时候有可能是没有的，这就是我们可以通过深入分析增加的价值。

假设我们通过数据看到员工甲的销售额排名最高，员工乙的销售额排名最低，可以先问自己为什么会是这个结果，这时我们的第一感受很有可能是员工甲的能力强，员工乙的能力弱。接着，按照长链分析的逻辑引导，我们要继续问一个问题："这是真的吗？"这个问题会驱使我们再往下探究其他数据并深挖原因。

我们可能会去看一下上季度的销售数字，计算出季度销售增长率。假设我们会发觉员工甲和上个季度相比销售额没有增长，但是员工乙的销售额相比上个季度却有50%的增长。我们可能就会想到由于销售区域不同，基础不同，绝对数字并不能真正代表员工的能力，因此增长率也是一种用来体现销售能力的维度。

分析到这里，我们能否说因为季度销售增长率高，所以员工乙更有潜力呢？别着急，我们可以再往下问一个"为什么"，为什么会有这个增长率的结果呢？

再次深度发掘，有可能我们会发觉员工甲的销售区域受到了国家政策的影响被限制相应产品的销售，而员工乙的销售量高是由于产品刚进入该区域，需求旺盛，因此增长快。所以市场因素也是导致销售增长率变化的原因而不仅是销售的能力。

以此类推，我们还可以通过问自己更多个"为什么"和"真的吗"来继续往下钻取更多的根本原因或者获取更多证明结论的证据。把这些深钻以后的结论总结到一起写在图表旁边能够帮助我们的洞见更深入一层。

3.1.5 从分析结果到行动计划

我们再往逻辑轴的上半部分看，往上的方向，就是在深度挖掘后，我们要回到现实引发行动。要向自己发问："然后呢"，这会引导我们去思考下一步应该采取什么行动。没有行动，我们的分析就是纸上谈兵。

我们日常的工作中会有不少纸上谈兵的情况，例如报表有人做，但是没人看的情形。当然因为各种历史原因这种情况的存在无可厚非，但我们需要去留意是否有可能定期审查，把一些根本不会引发行动的报表去除掉，减少不必要的工作量和误导。

我们回到介绍时间轴时所列举的招聘分析来看，当我们在找到不同招聘渠道在成本、绩效、离职率上所产生的不同结果之后，可以问自己："然后呢"，来思考如何依据结果来展开行动。

假设我们在招聘质量分析结果中，发现内推渠道进来的员工绩效和一年之内的保留率都比较好，我们就可以思考如何进一步采取行动在公司内部加强内推的宣传和奖励机制来激励员工有更多的内推。

如果发现某供应商招聘渠道招的新员工整体薪资和能力相比偏高，我们也可以通过数据对比，告知供应商存在的问题并提出新的衡量要求。这样，我们的数据分析结果就可以嵌入日常的工作流程中。

我们在想出一些行动之后，也不要急于结束思考，可以再次发问"还有吗"，引导我们去思考还有什么有帮助的行动？例如，我们已经在分析中发现入职一年员工的离职率偏高，是否可以同时也在员工体验这方面着重和新员工进行一些访谈和调研，来看看是否有可能发现一些方法通过改善新员工体验来缓解新员工离职的情况，从而降低公司不断招人的成本和压力呢？同时，我们是否可以把离职分析中利用离职率分析的结果来提前制定我们的招聘计划呢？

我们持续通过"还有吗"来思考的行动越多，能够真正通过数据分析引发的改变就越多。数据分析如果没有后续的行动支持就会失去其意义。

如果在日常工作中，我们能够打开思路，利用长链分析多做一些相关联的分析，同时能够多问"为什么""真的吗""然后呢""还有吗"来深度挖掘根本原因和引发行动，相信你就能逐步成为别人眼中，有深度、有洞见的行动派！

3.2 在企业中如何推动人力资源数据分析

3.2.1 推动数据分析的路径

企业根据所处的阶段不同对于数据分析的需求是不同的。但无论如何，数据分析对于企业长远的发展意义重大。对于 HR 来说，如果将来想要进行人力资源大数据分析，那么就一定要让企业领导层重视，在企业层面推动数据分析，因为人力资源大数据分析不仅需要 HR 部门的数据，还需要对各种部门的数据进行整体分析。如果当前企业的数据分析基础相对薄弱，我们应该如何一步步推动其发展呢？

由于数据分析的本质在于我们可以通过数据知道已经发生了什么，为什么会发生、将来会发生什么。因此我们可以把数据分析按照阶段不同分成不同模块并和数据分析的目标相对应。

如图 3-6 所示，数据分析分成数据收集、数据质量、数据报表、数据可视化、预测模型和数据驱动战略决策六个模块。建议在公司内部要同时对这六个模块进行资源配置，根据各模块现状的评估和业务需求不同可以有不同的侧重和排序。这张图也表示了虽然越多的模块需要越高的投资，但是所产生的回报价值也是逐步上升的。当数据分析的结果越贴近业务和战略决策，其价值就越高。

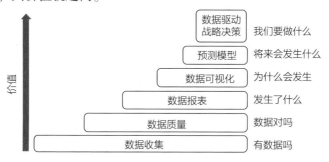

图 3-6　企业推动人力资源数据分析的方向

数据收集

巧妇难为无米之炊，因此数据分析的基础就是要有数据。企业首先要考虑如何通过日常的工作流程开始积累电子化的数据。即使是有着很多数据积累的传统大公司，也通常由于历史原因，各部门都有自己不同的数据和存储方式，因此要让公司所有部门能够共享所有数据也不是件简单的事情。所以公司在准备开始踏上大数据之路前，需要建立好便利的数据共享机制作为基础准备。

我们需要通过各种途径来及时获取和打通部门内部数据、公司跨团队数据和公司外部数据的获取渠道，确保能定期、稳定、方便地获取不同渠道的数据资源。这方面做得好的公司，通常会有自动化的机制定期从各种不同的系统收集数据并将收集的数据在企业中通过数据仓库来进行集中存储。

数据质量

对于获取到的数据，我们应对其准确性和格式标准化进行检验，确保可以通过日常核查找出数据存在的问题，然后进行必要的修正，并反馈到数据源头负责人，通过持续改进逐步提升数据源头的质量。同时我们可以通过工具将所有的数据统一成标准的格式便于将来的分析。

数据报表

数据报表最主要是结合业务需求来了解关键的管理指标，这些指标有可能是传统的 KPI，也有可能是 OKR，总之没有衡量就无法管理，我们要找到这些为管理而服务的衡量点，利用现有的数据将不同的衡量点通过报表展示出来。

数据可视化

我们还能借助计算机技术将数据用图形甚至是动画等方式更好地展现出来。数据可视化是能够更清晰有效地传达与沟通信息的途径。通常在企业中数据驾驶舱就是这样的应用，比较好的数据可视化应用还可以是交互的，可以按照某个特定层次或条件（例如：地区 – 城市 – 区县等）进行数据细分呈现，层层深入以便员工更详细地查看数据。

预测模型

以足够大量和正确的数据为基础，我们就可以通过利用数学算法、建模工具等来建立计算机数学分析模型并通过过往的结果数据分析来达到预测将来的目的。在这方面我们通常需要基于业务的需求，与算法工程师进行配合将数据进行更进一步的机器学习处理。由于预测本身存在着不确定性，因此如何来验证和利用预测结果也是需要业务专家和算法工程师紧密配合合作讨论的地方。

数据驱动战略决策

有了前五个模块的积累和应用，我们才有可能将数据分析嵌入重大的战略决策中去，因此数据分析也是一个循序渐进的过程，只有之前的工作做到位了，我们才能有相对准确和有价值的分析结果并取得公司管理层的认同。有了管理层的信任，相应的数据分析结果才能更好地被管理层使用到决策中去。

关于数据如何引发思考和决策，我们来举一个例子。在 2020 年的新冠肺炎疫情期间，很多人每天早上起来，都会去看看最新的疫情数字是增加了还是减少了。新闻报道中也处处都是数字。

2020 年 2 月 20 日，停靠在日本横滨港的"钻石公主"号船上 3700 多位人员中累计感染新冠病毒人数达到 634 人，其中过半人员属于无症状感染。

大家在看到这则新闻后，有没有一些和数据相关的思考呢？可以练习下长链分析中提到的方法，多追问自己几个问题，思考下这些数字意味着什么。

我们可以想到，游轮的环境与很多人在同一幢办公大楼里工作一样，是一个很真实的人群在聚集环境中感染模型的模拟。由于感染人数中过半无症状，那就意味着各商场、小区、办公楼入口的测温措施对于感染人群的检测有效性只有 50%。

因此，在疫情没有得到控制的前提下，大面积复工是有很大病毒扩散风险的。如果有无症状被感染者进入办公地点，由于每天在楼内办公的人群基本固定，那么按照游轮环境的模拟进行测算，游轮感染人数 634 占总人数 3700 人的比例约为 17%。那在办公楼这样相对人群密集的环境中，感染率的结果也是可想而知的。

如果我们经过思考，就能通过游轮的感染率数据来验证我国采取延迟复工政策的必要性。如果 HR 能用这个例子来倡议公司领导层做出继续延长在家办公的决策，就容易获得领导层的认同。这就是用数据驱动决策。

HR 要学会数据分析，首先需要培养数据敏感性。一方面，看到数据就要习惯性引发思考。另一方面，在做决策时，也要习惯性想一想有没有数据可以支持我们的决策。

如果企业能够基于业务实际需求和当前各模块的成熟度，相应分配适当资源在六个模块上并相互配合，相信整个团队就能够相辅相成，共同向着数据化管理和决策的方向持续迈进。

3.2.2 数据质量控制

大数据分析通常会有很大一部分时间用在数据的清理上，在公司日常流程中产生的数据质量也是分析是否准确的关键因素。再好的算法没有数据质量作为保障也是无价值的。

故不积跬步，无以至千里，我们在日常工作中需要控制好数据产出的质量。建立好数据核查的机制，通过持续改进来确保数据质量的不断提升也是管理者须及时开展的事情。

对于人力资源管理中常用的与人有关的信息，按照种类区分列举如下（见表3-2）：

表3-2 人力资源管理常用信息项

信息种类	信息项目	信息用途
个人信息	姓名、性别、身份证号码、生日、电话号码、家庭住址、照片、银行账号、国籍	员工识别、日常联络、社保福利、资料邮寄、工资打款、假期申请
家属信息	父母及子女的个人信息	紧急联络、家属福利、生育政策、专项扣除
工作信息	公司、职位、收入、工作城市、纳税地、入职日期、试用期、离职日期	薪资福利、个税缴纳、落户买房、子女教育（受在当地纳税规定的影响）

这些看上去很简单的数据，在公司中也会不同程度地存在各种错误的情况，以下简单列举一些在不同公司中看到的错误案例及影响：

- **姓名错误**：中国文化博大精深，有些相似汉字容易发生混淆出错的情况，比如巳、己、已。姓名出错会导致公司在为个人进行个税申报时发生错误。

- **银行信息错误**：账号出现差错等情况，会导致公司每月发工资时，汇款被银行退回，影响员工及时收到工资。

- **工资错误**：显而易见这是影响度很大的错误，不仅会有少发工资的情况，有些企业还有发生过发双份工资的情况。

- **离职信息错误**：员工离开公司但是信息没有被及时更新，对公司和员工个人都有一定影响。

- **性别错误**：有女同事由于在公司系统里的性别为男，导致其无法在休假功能中请产假的情况。

- **父母子女的年龄错误**：员工自行在系统中错误输入了父母子女的生日年份，导致在系统中产生18岁以下的父母和70岁以上的子女，影响企业为员工家属购买保险的操作。

纵观各种错误，我们可以依据错误数据产生的时间点，将问题划分为数据输入问题和数据更新问题。

- **数据输入问题**

公司的数据基本是由人借助于系统媒介来相互传递最后进入系统的。例如，员工填写纸质表格给 HR，HR 填写电子表格给服务中心数据录入员，由数据录入员最终录入系统。人脑不是电脑，只要是人就会有出错的可能性，每增加一次人工的操作，就会增加一次输入错误的机会。

- **数据更新问题**

数据是流动的，比如员工搬家、换电话、银行卡变更、获得了新的资格认证等。如何确保这些信息能够及时反映到最新的系统中呢？这又是一个棘手的问题。

对于数据质量，我们可以通过系统控制、人工控制、流程控制来防范数据错误：

- **系统控制**

为什么把系统控制放在第一条呢？因为在数字化时代，能让机器做的事情就尽量不要让人去做。以下几项数据错误防范工作是可以利用系统功能和科技来解决的。

1. 系统规则：最简单的是把一些规则，例如身份证信息和生日、性别的比较，家属关系和年龄之间的对比，级别和工资之间的比较，利用系统的自动检查机制在输入的时候就进行校验，发现问题并及时处理。

2. 自动采集：利用技术让机器自动采集相关的数据来取代人工录入，比如是否有可能通过指纹门禁、人脸识别、手机定位等来自动为员工进行无感打卡？这样就能尽量减少人为操作产生错误的可能性。

3. 自动核查与提醒：由于数据来源广泛，有的数据来源并不是公司的系统，而是通过其他的途径传递过来的。这时就会有不是因为数据错误而是因为根本没有数据输入的情况存在。这时候我们就可以利用机器人流程自动化的技术来对数据进行自动核查并反馈给相应的数据负责人。例如，当我们发现员工没有主动维护自己的银行账号时可以自动发出提醒邮件给员工。

- **人工控制**

虽然在数据质量控制这方面我们希望尽量减少人工控制，但是在技术和流程不完美的前提下减少人为出错还是必需的。可以通过如下几种方式来进行：

1. 自查：提供核查表给所有涉及数据录入的人员，提醒对方按照核查表进行自查。

2. 互查：每个人都有盲点，因此可以让另一个人来进行检查，更容易发现盲点错误。

3. 统一数据核查及修正：人工进行数据报表的核查或者差异比较（例如，本月工资和上月工资的比对，以此发现异常情况）。

- **流程控制**

1. 流程设计、减少浪费：我们要从流程设计上考虑是否有可能简化，减少数据不必要的传递步骤，从而减少出错的可能性。例如，可以让员工自行在系统中输入，由 HR 依据员工提交的身份证明来审核的方式控制数据质量。这样在减少了数据传递环节的同时，又有核查步骤来进一步确保质量。

2. 闭环设计、提升动力：如果维护数据这项工作对员工来说不会有直接的影响，自然员工就不会有特别高的优先度来及时维护和更新数据。HR 需要考虑设计在什么场景中员工会实际用到此数据。例如，假设某些福利是定期快递到员工家里并发送手机信息提醒，员工在换电话号码及家庭住址时就会主动记得去系统中更新信息。

3. 错误分析、持续改进：通过系统的数据核查，我们可以进一步分析发现是在流程中的哪些步骤产生的问题，并进行相应的持续改进。

4. 流程审查、确保执行：有时问题的产生是因为流程没有被严格执行而导致的。因此，HR要定期审查流程设计及执行情况。例如，通过核查数据检查及修正的历史结果来确保流程是被正常执行的。

5. 容错管理、降低风险：由于数据不可能百分之百准确，所以企业在后续的流程中要考虑实际可能发生的错误并有相应的容错机制来应对错误数据。

3.2.3 数据报表基础

有了数据质量作为保证，我们就可以在企业中进一步推动人力资源数据管理，只有把数据经过整理和分析并呈现出来，才能更好地让数据为我们所用。

为了能更好地让数据讲故事，我们应该建立好数据报表的基础，在当前人力资源领域，二维表是基本的数据存储方式。表3-3中的人员的基本信息就是一个基本的二维表。

表3-3　员工信息表

员工号	姓名	性别	身份证号码	出生年月	入职日期	职级	部门
A001	张三	男	310111198701021071	1987-01-02	2011-01-05	5	人事部
A002	李四	男	310111198801021053	1988-01-02	2012-01-01	5	财务部
A003	王五	男	310111198912021035	1989-12-02	2013-01-01	5	销售1部
A004	徐玥	女	310111199001051042	1990-01-05	2014-01-01	5	销售2部
A005	赵娟	女	310111199109021086	1991-09-02	2015-01-01	4	市场部
A006	孙刚	男	310111199208081011	1992-08-08	2016-01-01	3	行政部
A007	周芳	女	310111199309091062	1993-09-09	2019-01-01	3	采购部
A008	吴海	男	310111199410251010	1994-10-25	2019-01-01	3	生产部
A009	成蓉	女	310111199511211006	1995-11-21	2019-01-01	2	技术部

对于其他信息公司也会通过二维表的方式来存储,同时通过主要的关键字段来连接不同的信息。例如,由于员工的职位和薪资信息在公司中是不断变化的,因此我们需要记录员工的信息。当员工在公司中有多条变动记录时,我们就可以把每一条变动信息的关键点记录下来,形成员工的工作历史记录。通过这个变动的信息,我们可以了解员工在公司中的发展路径。而员工号就是连接表与表之间的关键字段,用以确保可以定位到某个员工(见表3-4)。

表3-4 员工信息变动表

员工号	姓名	变动类型	职位名称	职级	薪资	变动时间
A001	张三	入职	行政专员	4	10000	2011-01-01
A001	张三	转岗	人力资源专员	4	13000	2012-01-01
A001	张三	晋升	人力资源经理	5	18000	2012-06-01
A001	张三	调薪	人力资源经理	5	20000	2013-01-01

以此类推,员工在企业的工作过程中会积累各种数据,例如,每年的绩效考核、考勤、培训、报销等,这些数据都可以通过二维表的方式进行存储并通过员工号进行关联。这些数据的存储即为报表的数据来源。

对于HR来说我们只需要知道这个大概的原理即可,在实际数据存储的过程中除了这些结构化数据,为了进行大数据分析,我们还可以存储很多图像、声音、视频信息等,具体可以由技术团队来设计存储方案。

通过数据的积累我们就可以根据业务需要将数据进行加工处理,并计算出HR在日常工作中所需要参考的数据。

例如:

人力成本占比 = 所有人员薪资福利综合 ÷ 公司总经营成本

人均薪资福利成本 = 所有人员薪资福利综合 ÷ 员工总人数

员工服务年限 = (计算日期 - 员工入职日) ÷ 365

人均服务年限 = 所有员工服务年限总额 ÷ 员工总人数

在报表种选取哪些数字和指标，主要是看为了反映什么业务需求或者衡量 HR 的哪部分工作成效。我们一定要确定数据报表的用途，也就是要问自己报表给谁看，看的目的是什么，报表反映了哪些 HR 的关键指标，看完以后要做什么。基于这些指标再来设计数据报表中所需要包含的结果。

例如，从人力规划领域来看，业务负责人想要知道的是公司的人力成本占总成本的多少、人力投入产出比是多少，以及这个成本占比和投入产出比的趋势，不同部门人力成本情况是如何的。还可能想知道和市场上同行业的对标情况是如何的，在业界是领先还是落后？了解了这些需求我们就可以通过选取合适的数据源定期生成报表。

再例如，离职分析从人才保留的角度来看，我们可能最关注的是公司中高业绩的员工是否能够长期为公司服务，因此我们需要跟踪的是中高业绩员工的主动离职率和离职原因。但是从人员招募计划的角度来看，我们就需要了解所有主动、被动离职员工的数量和趋势才能提前设定招募计划。

可以看出同样是离职分析，关注点不同，报表内容就可能不同。因此从业务的需求出发来设计报表是非常重要的。随着业务的复杂化和数据量的增大，传统数据表也会变得越来越复杂。如果我们希望业务领导、经理和员工能够更好地理解数据，重视数据，就需要考虑用图形的方式来展现数据。

通常采用的可视化方法有：

- 饼状图表示部分占总体的比例
- 柱状图表示绝对数量的比较
- 曲线图表示变化的趋势

- 散点图用来反映相关性或分布关系

我们要根据业务的需要灵活选择最适合的展现方式。我们在平时可以基于一些数据分析的常用方法和思维，多尝试各种不同的表达方式，这样就可以在需要的时候更快地做出选择。

数据可视化是一个比较庞大的话题，因为基于展示的目的不同，市场上有非常多不同的方式来进一步拓展各种可视化效果。我们还可以通过创意让数据分析变得更有意义，这样的展现才能更好地打动别人，引发思考和行动。

例如，有些公司会在员工每年入职纪念日利用大数据统计并推送电子卡片，卡片会显示员工自入职以来参加过多少次会议，发过多少次邮件，邮件最早是几点发送，最晚是几点发送等数据表达对于员工的感谢，这样的数据分析对员工来说也是很有纪念意义的。

3.3 HR 数据分析常用方法和思维

HR 在进行数据分析时可以参考一些常用的方法和思维，尝试从不同的角度来分析和展现数据。

3.3.1 HR 数据分析常用方法

静态分析

静态数据分析通常用于在某个时间点上的分析，从数量或者比例上反映出某个时间点数据的分布状态，可以是饼状图、柱状图等。在人力资源分析中，员工的年龄、性别、地域、司龄的分布通常是用分类数据来表示。这一类分析是最为简单直观的。

趋势分析

静态数据是无法看出数据变动的趋势的，因此我们通常会以时间为横轴来反映不同时间数据的变化过程。

在人力资源分析中，HR 在做招聘或者离职分析时就可以把不同时间点的岗位需求和离职人数结合起来，看一个时间段内变化的趋势，并以此来判断以什么样的节奏来进行招聘的工作规划。

在人力资源工作中，如果我们对于员工的生产力、绩效等用类似这样的图表来分析，就能跟踪整个企业及不同团队人力效能提升的情况及趋势。

如果企业为了增加人效而实施了系列项目或培训，就可以通过这样的人效提升跟踪图来衡量项目实施和培训的效果。

回归分析

在统计学中，回归分析指的是确定两种或两种以上变量间相互依赖关系的一种统计分析方法。回归分析按照涉及的变量的多少，分为一元回归分析和多元回归分析；按照自变量和因变量之间的关系类型，可分为线性回归分析和非线性回归分析。

假设我们在招聘的时候想知道销售岗位的招募时间如何来确定，就可以把之前所有的招募岗位级别、招聘人员级别、招聘人员工作年限、招募月份、招募时间等放在一起利用电子表格的功能进行回归分析，就可能会发现招聘时间和这些变量之间会有一定的关系，如果相关性比较高，我们就可以依据此回归分析建立的公式来预估招聘所需要预留的时间。

在回归分析中我们分析的是相关性，但是变量之间的相关性并不代表变量之间就一定会有因果关系，例如，由于气温升高，冰激凌的销量和游泳池的人数增多从数据分析的角度是有相关性的，但是这两者之间并没有严格的因果关系。如果有因果关系，为了减少游泳池的人数，直接减少冰激凌的产量就可以了。但事实并不是这样，不卖冰激凌并不会让游泳池的人数减少，游泳池人数的增多主要和气温是有因果关系的。

预测分析

有了数据的趋势分析，如果基于大量的数据及过往的经验，我们可以进一步利用数据知识和电脑编程来建立数学模型对数据走势进行预测。不少公司已经在尝试利用大数据通过数据建模进行离职的预测分析。由于预测分析需要有更多的数据分析专业知识，因此在数据建模这项工作上，普通 HR 很难做到。

HR 可以通过建立专业的人力数据分析团队或者和拥有专业数据分析能力的 IT 部门或供应商合作，来解决这个问题。HR 可以提出人力资源运营过程中的痛点、需求和想法，让专业的数据专家帮助企业进行预测分析并依据我们的经验来共同验证准确性。

3.3.2　HR 数据分析常用思维

在应用上述这些数据分析方法时，我们还可以尝试不同的思维方法，来选择从什么视角来分析这些数据，常用的分析思维有分类思维、比较思维、交叉思维和因果思维。

分类思维

对于人力资源各种不同的指标，我们都可以用分类的方式来进一步定位原因，例如，我们发现新员工无法通过试用期比例上升时，我们就可以通过分类的方式把员工具体分到不同的部门或者不同的招聘人员。如果我们发现这种情况都集中在某个部门，那可能是部门管理的问题，如果是集中在某几位招聘人员，那可能就是招聘人员的技能问题。

在分析离职率的时候也只有进一步分类到不同的团队，我们才有可能进一步深挖原因并采取行动，因此分类思维在数据分析中是非常重要的。

在一些数据分析工具中通常都会提供分类切片的功能可以让 HR 从不同的维度来发现问题。

比较思维

无论做什么分析，如果失去了比较的参照物，那么就没有特别大的参考意义。例如，你用营业额除以销售人员数量来计算出人均销售额，如果不与同行业其他企业的人均销售额来进行比较分析或者是和去年同期来比较，那么就会无法判断这个数字是高还是低，是有提升还是有退步。比较思维就是通过与内部或外部参考值的比较来得出结论，引发下一步行动。

交叉思维

交叉思维是指我们要把不同的数据联系在一起看才有意义。例如，对于业务部门来说，如果仅通过报表来看部门人数，其实意义不大，因为这个人数并没有和业务关联起来。只有把人员数量和业务结果联系起来我们才能看到人均的产出是否有提升，才能看到人员的数量和公司业绩的关系是什么。

结合以上这些思维方法，就可以引发我们进行深度思考，HR 在数据分析的过程中，要保持敏锐的嗅觉，在发现有异常时，要习惯和善于去深挖背后的原因，综合应用各种数据分析方式和思维来找到真正有意义的洞见。

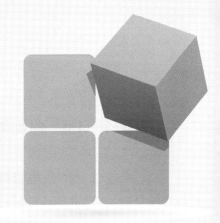

第 4 章

咨询:
赢得信任出谋划策

4.1 HR 咨询能力为业务增值

4.1.1 什么是咨询顾问

在 HR 数字化转型的过程中 HR 一定会需要和业务部门及其他各部门打交道，在企业里 HR 部门的定位一般被称为支持部门，那么作为支持部门，在企业的数字化转型过程中，如何支持业务才能为业务赋能并展现自身价值呢？

其实，HR 可以通过培养顾问咨询能力来更好地应对这一问题。为什么这么说呢？我们先来看看什么是顾问咨询。在企业里工作的朋友应该会有体会，不少中大型企业都离不开一种外部合作方叫咨询公司。

在企业有一些重要举措时往往都要聘请外部咨询公司的咨询顾问来帮忙，虽说大多数外部顾问在加入项目时，并不熟悉企业内部的情况，理论上不应该会比企业内部了解企业情况的人能做出更好的决策。那为什么不少企业在重要时刻都依赖于第三方咨询顾问呢？主要有如下原因：

- **人手支持**：当企业有重大变革时，通常这会是基于日常工作基础上的额外工作，但企业现有的人手已经被日常工作占据大部分时间，所以需要借助更多的外脑来共同完成变革。企业也会在此时有相应的预算支持。

- **最佳实践**：由于咨询公司的客户比较多，做过的项目也多，因此往往可以积累最佳实践，并将最佳实践重复利用。企业为了项目成功，会比较偏向于借鉴其他企业的成功经验。这是为什么我们往往会看到相同行业的跨国企业，内部的各种系统也比较类似，这其中咨询公司起了很大的作用。

- **降低风险**：企业和第三方公司的合作由于有合同约束，因此可以适当规避失败风险。对于企业来说，如果重要项目失败将会付出巨大成本，项目的失败对于管理层也会有职业风险。由于企业管理层在应对新情况时也会有能力和经验的弱项，因此和咨询公司合作就有了第三方做背书。
- **中立视角**：大企业往往在做一些大刀阔斧的变革时会产生一些利益冲突。如果让置身于利益中的企业内部人员来做方案，视角往往不够中立。所以由第三方来做方案，大家相对容易达成共识。

虽然与第三方合作有以上这些好处，但是企业使用外部咨询顾问也会遇到如下问题：

- **贵**：要请咨询顾问，充足预算是前提，否则一切都是免谈，因为知名咨询公司的咨询费用会比较高。
- **浮**：如果不是长期顾问，一般对于企业的了解特别是细节会不够深入，容易浮在表面。很多方案就是因为细节没考虑周全而造成落地受阻。
- **变**：和咨询公司之间的合作由于有合同约束，通常也有大致固定的咨询范围。但是咨询的性质又有非常多的不确定性，例如需求变化是家常便饭，这时企业就会面临合同条款和需求变化中间的矛盾从而产生成本增加等各种不确定的变数。

4.1.2 HR咨询如何助力业务

了解了咨询顾问的优势和痛点，我们再回到HR领域来思考。HR在人力资源领域其实是有自身的专业能力和最佳实践的。另外，就第三方视角这个咨询需求来说，HR在日常工作中运用的引导及教练等方法本来就符合第三方视角。

因此，HR可以借鉴咨询顾问的模式，来加强自身的不可替代性，进一步增加价值，建立和业务部门之间的信任。如果 HR 能多了解和学习一些咨询顾问的思维和技巧，就能更好地助力业务，锦上添花。

同时，因为 HR 相对长期在企业中工作，对企业内部的情况和细节会比较了解，企业内部 HR 和业务部门之间的合作也会更加灵活。如果 HR 有更强的咨询顾问能力，还可以为企业节省部分咨询顾问费用，把预算用到刀刃上。

这些优势弥补了企业与外部顾问合作时贵、浮、变的痛点，让内部咨询模式也能为企业创造出更大的价值。

通常在以下的这些场景中 HR 可以用咨询的方式与业务部门建立伙伴合作关系：

- 组织设计
- 人才吸引
- 人才发展
- 员工体验
- 薪资福利
- 变革管理
- 人力分析
- 团队建设
- 职业发展

在 HR 数字化转型的过程中，我们可以基于日常 HR 在这些领域的专长和对业务进行 HR 咨询的经验，进一步与技术专家合作提出我们所把握的需求和想法，共同探讨如何用数字化的手段来解决这些人力资源的问题，为业务部门出谋划策，自然就能在 HR 数字化转型的关键时刻赢得业务部门的信任、支持和配合。

4.2　HR 咨询能力等级

HR 如果要提升自身的咨询顾问能力,需要学习锻炼哪些技能呢?评价管理咨询顾问的能力,通常有如下四个层次(见图 4-1):

图 4-1　咨询能力等级

4.2.1　解决问题

做咨询顾问最基础的要求是能按时按质完成业务部门所给出的任务,解决问题。

解决问题这一要求相对比较简单,HR 平时的专业知识基本就能够满足,但需要 HR 具有专业性和责任心。

要提醒的是,不要以为做工作就是按时按质完成任务就行了,在合作关系上,这其实仅仅是最基础的要求。

4.2.2　增加价值

如果想要进一步增加自身的价值,我们就需要勤思考,看看对于业务部门提出的要求,我们是否可以基于一些最佳实践来给出更好的建议。

最佳实践除了来源于我们自身积累的经验,还有一些其他企业的做法和经验教训。因此从企业中走出去，拓展人脉是一种很好的拓展自身咨询顾问能力的一种做法。

4.2.3 深度洞见

再进一步，独立思考和分析判断的能力就显得尤为重要了。很多思考方法会被总结成一些方法论和工具，例如，PEST 分析法、SWOT 分析法、SMART 原则、波士顿矩阵、SPACE 矩阵、波特五力分析模型、5W2H 分析法、鱼骨图、六顶思考帽等。

建议 HR 平时要持续学习充电，阅读各种人力资源及管理类书籍，在网上多浏览相关信息学习各种思维体系，助力深度思考。

4.2.4 信赖伙伴

要想达到咨询顾问的最高级别，成为业务部门的信赖伙伴，就需要向无招胜有招的方向迈进，不拘泥于特定工具，灵活运用所学知识和经验。同时特别需要具备如下综合能力：

- **全局思维**：拥有大局观，将事物联系在一起看，避免一叶障目。方方面面都考虑到，自然就不容易被变化的业务需求所挑战。因此，HR 需要有横向广度和纵向深度的"T 字"型知识经验储备。
- **分析推导**：数字化时代，逻辑思维很重要。要想一针见血找到问题的根本原因，HR 需要多锻炼自己的分析推导能力。通过掌握数据分析的一些方法和思维让自己对于问题的看法更深入。
- **创新改进**：HR 需要有创新的思维去思考新的做法，永远不满足于现状，持续改进。而不要总是单纯地用最佳实践来生搬硬套。与时俱进，适合的才是最好的。
- **表达影响**：除了具备文字和口头表达能力，HR 还要会讲故事，把事情讲得浅显易懂，也是咨询顾问获得信赖的必备技能之一。

- **人际信任**：信任的力量是无穷的，信任是沟通的基础。同样一件事情从信任的人那里听到，人们会更愿意相信。因此要让自己的提案得到认可，平时积累的点滴信任也会在关键时刻起到巨大的推动作用。

相信拥有了以上这些能力加上不断地实践，HR 就能成为真正值得业务部门信赖的人力资源合作伙伴！

4.3　HR 咨询流程及工具应用

了解了 HR 为业务部门提供咨询所需要的能力，我们还需要了解为业务部门咨询的流程，在遇到问题时基于此流程便可实际进行操作。为了能让大家更好地理解咨询流程，我们构建了如下案例。

案例背景：A 公司的 HR 部门在和业务领导的日常沟通中得知在业务各部门平时有很多的数据积累，公司的 IT 部门也有专业的大数据分析人才，当前的业务决策上逐步依赖于更多的数据分析来进行。由于市场上 HR 数字化转型的加速，HR 也面临业务部门的压力希望能够在人力资源数据分析这方面有更多突破和提升。当前公司各部门都有自己的系统，数据分散在不同的系统中，在需要数据的时候需要从各部门各系统中导出报表进行分析，根据以往数据收集分析的过程，公司也发现数据质量不尽如人意。

结合案例我们将通过咨询流程，来逐步形成一个 HR 数字化方案。HR 咨询流程有如下步骤：信息收集、痛点方向、问题诊断、市场调研、方案共创、设计文档、落地执行（见图 4-2）。

图 4-2　咨询流程

4.3.1 信息收集

为了更好地设计方案,我们需要先尽量收集现有的信息,充分了解当前咨询任务的背景,只有基于这些信息我们才能更好地做出后续的分析和判断。基于案例的描述,我们可以体会到在现实场景中,往往各种信息都会混杂在一起,让人不知从何下手。为了进行目标痛点的分析,我们首先需要通过一些方式和工具将现有的信息进行归类,帮助我们理清脉络。

SWOT 就是一个常用的工具,如果我们尝试用 SWOT 就可以将信息进行归类,形成如图 4-3 的分析。通过这张图我们就可以清楚地看出 A 企业在当前人力资源数据分析上的优势、劣势、机会和挑战。

这就是管理咨询工具的优势,学会利用一些管理咨询常用的工具可以更好地帮助我们整理思路,也能更好地将我们的思路以更逻辑化、清晰化的方式呈现给业务部门。

S(优势)	O(机会)
• 当前各部门已经有了各种数据的积累 • 各业务部门的工作方式也逐步转向用数据来驱动决策 • 公司目前的IT部门,有大数据分析人才	• 公司领导层对人力资源数据分析重视程度高,今年有预算支持 • 市场上已经有相应的大数据分析产品和人力资源数据分析的最佳实践可以参考
W(劣势)	T(挑战)
• 各部门数据没有打通,依赖于手工更新效率比较低 • 人力资源团队的整体数据分析经验不足 • 当前各系统中的数据质量有待提高,人工核查方式无法全面找出数据的错误,影响大数据分析的准确性	• 降本增效的要求使得对于人力资源工作效率提升的要求日趋明显 • 已经有外部同行业公司建立了较完善HR数据分析系统,对我们公司进一步提升HR效率产生一定的压力

图 4-3 A 公司利用人力资源数据进行的 SWOT 分析

4.3.2 方向明确

通常 HR 的重点工作方向，都会是基于公司当前在业务上的一些问题和痛点，例如离职率高、生产率不高、人才能力无法满足业务的需要等。

基于痛点 HR 要定义出相应的努力方向，并取得大家的认同，让团队的劲往一处使。在此案例中，通过对 A 公司的 SWOT 背景的分析，我们可以进一步分析痛点并基于痛点来定义期望努力的方向如下（见图 4-4）：

痛点：

- HR 部门的数据分析应用低于市场平均水平
- HR 现有人员数据分析能力薄弱
- 各部门数据收集无法自动化
- 数据质量存在问题，由于数据量大人工检查无法满足核查要求

方向：

- 建立人力资源数据分析机制和系统
- 提升 HR 人员数据分析能力
- 整合各部门数据为大数据分析做好准备
- 提升系统数据质量

当前痛点	努力方向
· 数据分析应用不足 · HR数据分析能力薄弱 · 各部门数据收集无法自动化 · 数据质量存在问题	· 建立HR数据分析机制系统 · 提升HR人员数据分析能力 · 整合各部门数据为大数据分析做好准备 · 提升系统数据质量

图 4-4 A 公司当前痛点和努力方向

4.3.3 问题诊断

当我们知道了A公司目前存在的一些痛点,以及改进的方向,我们就可以试图进行一些诊断找出问题的根本原因以及还有哪些可能会阻碍前行方向的组织问题。

关于诊断在市场上有很多的模型,例如,麦肯锡的7S模型、韦斯伯德的六盒模型等。我们会用一个简化的诊断模型来模拟进行这个诊断的过程,帮助大家更快地进行思考。

在这个简化的诊断模型中包含了六大维度:目标,制度,流程,领导,团队,资源。每一个维度都包含了两个方向及相应的问题(见图4-5)。

图4-5 简化组织诊断模型

目标:

- 清晰:我们期望达成的效果是什么?是否可量化?
- 价值:我们期望达成的目标和业务战略之间的关联是什么?

制度:

- 公平:公司和团队的绩效考核制度是否能够确保团队成员被公平公正地对待?
- 激励:现有激励制度是否能够考虑到大家的需求,让大家愿意为目标而奋斗?

流程:

- 效率:流程是否有产出质量、经历时间和满意度等指标来衡量?在效率方面大家的感受如何？
- 改进：是否能够拥抱变化及时改进？

领导：
- 引领：领导是否能指明方向，带领队伍前行？
- 育人：领导是否有能力带出精兵强将？

团队：
- 协作：团队文化是否支持创新、直言不讳和勇于试错？
- 能力：团队个人是否满足胜任力要求，工作安排是否具有挑战性？

资源：
- 人力：是否有相关人力投入？
- 物力：是否有合理的预算支持，在数字化时代是否有数字化系统支持？

基于模型的维度问题我们可以通过访谈和问卷两种形式获取信息和反馈。访谈的优点是能达到深度沟通，但缺点是覆盖人群比较少，费时。问卷的优点是可以同时发给很多人做，省时。但缺点是有时比较难获取最真实和详细的反馈。

因此，把两者结合起来使用，就能够同时顾及沟通的深度和反馈的人群数量。通常我们可以先通过访谈来获取一些基础的反馈和信息，然后基于这些基础信息定制相应的调研问卷。

在调研问卷的设计上需要将开放式问题和封闭式问题相结合，封闭式问题便于统计，而开放式问题可以让大家畅所欲言。HR在调研时可以依据痛点设定调研的主要方向，例如，A公司的痛点是和人力资源数据分析相关，那我们就要在相应的调研和访谈问题中，对于目标、制度、流程、领导、团队、资源等问题设定相关的范围限制。

例如，对于团队，我们的问题可以修改成：

- 协作：团队文化是否支持在人力资源数据分析上的创新，直言不讳和勇于试错？
- 能力：团队个人能力是否满足人力资源数据分析的要求？

对于资源，我们的问题可以修改成：

- 人力：对于人力资源数据分析是否有相关的人力投入？
- 物力：对于人力资源数据分析是否有合理的预算支持和数字化系统支持？

以诊断模型为基础来定制调研和访谈，既可以让我们保持分析的全面性，又可以保持话题不被过度发散。

在使用调研问卷进行调研时，员工在反馈时可能会有所保留，此时HR除了关注调研中的打分，还可以从开放式问题的回答中找到更多线索。例如，有员工在开放式问题中提出目前没有学习人力资源数据分析的途径，我们就可以依据此线索再有针对性地组织一些当面访谈来面对面与员工沟通，让员工敞开心扉聊出更多真实想法和感受，这样就能更好地了解员工的需求和想法，也有利于后续方案的制定和实施。

在沟通时HR需要营造安全的场域，例如澄清访谈的目的、保密原则及后续的动作，并给受访者提问留出时间。确保达成共识，HR在提问时也要避免主观臆断，以聆听为主。封闭式问题可以通过调研问卷来做，因此在面谈时可以尽量通过开放式问题来启发受访者，打开受访者的思路。

在诊断过程中，HR也可以尽量通过数据来反映当前问题的重要程度，例如，在哪些点上员工的打分是最低的，哪些问题被反馈的是最多的，有多少比例的员工反映了同样的问题等。用数字说话往往能起到更好的影响效果，我们要善于利用事实反馈和数据分析来说明问题。这样的方法对于公司把握内部现状是很有帮助的。

4.3.4 市场调研

内部诊断收集的主要是公司内部团队的信息和反馈，在迅速变化的时代，我们还要了解市场的最新信息，了解其他公司为解决类似的问题是否有好的最佳实践。这样我们就能以此进行横向比较，借鉴外部经验，避免重复制造车轮。市场调研是有效获取新经验和进行外部对标的渠道。

因此，我们平时要留意在市场上获取信息的渠道，例如行业网站和调研报告。加入行业社群也可以让我们在需要的时候及时相互交流最新信息。如果公司有预算支持，也可以请外部专业的咨询公司来帮助我们进行市场调研，通常咨询公司是在某个领域的专家，同时会服务很多位客户，因此 HR 可以从咨询公司处获取业界的最新动态和实践。

在 A 公司案例中，我们可以基于需求对市场上人力资源数据分析相关的现状做一个了解，在参阅相关报告后，总结出如下一些信息：

- 约 25% 的公司已经在 HR 部门开始使用机器人流程自动化（RPA）和聊天机器人的技术。
- 自动化技术的发展正在从 RPA 向智能自动化以及人工智能持续演进，HR 对智能技术的应用已逐渐成为常态。
- 随着组织的成熟，企业能够在自动仪表板（附有预警、预测和结果控制功能的产品/工具）、自助服务和共享服务的帮助下，扩展数据和洞察力的使用。
- 已经有企业设定了数据质量部，包括 HR 和技术人员，负责公司层面的系统构建、数据规划和方案，同时也负责有关人工智能产品和大数据处理。
- 在预测分析类工作上遇到的最大挑战是业务部门对于数据预测准确率的怀疑。

我们可以看到基于市场调查获取的信息，会让我们更加清楚整个业界的发展趋势，非常有利于我们对于解决方案方向的确定。

4.3.5 方案共创

把诊断结果和市场的最佳实践进行综合，便可以通过头脑风暴、结构化思考等方式找出一些可行方案。让实际使用的人带着问题和建议一起来参与方案共创能够确保方案是可以解决实际问题并让方案在正式评审前获得更广泛的支持。在方案共创的过程中，我们需要持续得到业务部门的反馈。

再回到 A 公司案例，我们在结合了各种信息和讨论之后，可以得出如下几个维度的方案输出：

数据整合管理

- 建立数据仓库将各部门的数据打通。
- 定期将各系统数据自动通过接口导入数据仓库。
- 建立 HR 数据驾驶舱显示关键 HR 管理指标。

数据质量提升

- 引入机器人流程自动化技术对数据字段进行自动核查。
- 基于核查结果寻找根本原因并进行流程改进，以及持续通过自动核查来跟进改进效果。

离职预测试点

- 招募人力资源数据分析专业人才。
- 基于公司目前离职率偏高的情况和市场上普遍的做法，将从离职预测开始进行大数据预测分析的尝试。
- 基于市场经验，HR 需要与业务部门保持紧密沟通，用敏捷迭代方式展开试点。

分析能力培养

- 在HR团队内部展开数据分析的培训。

我们可以发现这些方案的描述，都是融合了之前步骤的产出后得出的综合结论。如果我们能确保每一步工作都已经使用了上一步工作中的产出，就可以让流程中的每一步骤都变得有意义，让我们的分析更能承上启下，有逻辑性地得出结论，让方案更有说服力。

如果我们能进一步将主要的方案通过图示的方式展示出来，就会更容易让大家理解整体设计和思路，例如，我们可以用如图4-6来反映主要的数据分析系统方案的构成。

方案的描述中应包括相应的影响度分析、成本分析和风险分析，形成项目的可行性评估。依据这些可行性评估的分析，可以在评审会上让评审委员会进行最终的讨论并做出决定，有针对性地讨论会提升决策效率。

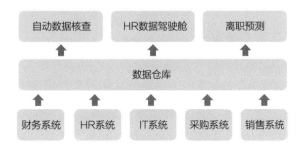

图4-6 人力资源数据分析应用架构

4.3.6 设计文档

在有了解决方案的大致方向之后，我们就需要把解决方案进一步细化，成为下一步启动项目实施的输入。对于设计方案后续是否能真正在企业中落地，往往是细节决定成败，有一些咨询项目的方案产出没有在落地层面考虑到细节，导致最终的失败。HR 在进行设计文档的制作时就可以进一步对整体方案的细节进行检验。

例如，在进行离职预测方案设计时，就可以进一步和业务部门合作探讨主要通过哪些渠道采集数据，采集哪些数据，这就可以在早期让大家开始对于方案有一些细节上的讨论，基于这样的深入讨论就能提早发现更多的问题和风险，并在方案设计阶段进行及时调整（见图 4-7）。

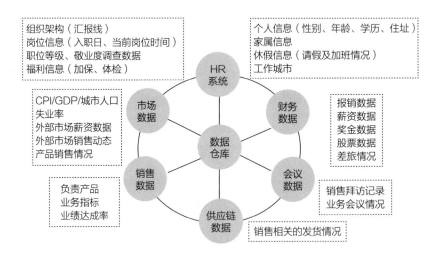

图 4-7　离职预测的全方位数据采集

在 RPA 数据核查方面，HR 也可以把具体的流程用文档的方式保留下来。有了逐步细化的文档，我们就能够了解到具体的解决方案是如何设计，主要解决哪些问题和挑战，如何进行运作的。这为落地执行奠定了良好的基础（见图 4-8）。

设计文档在下一步落地实施中通常就会成为项目的需求文档，为了明确这一关系，我们后续在描述中统一称为设计需求文档。作为设计需求文档，仅有这些大致的描述是不够的，我们还需要进一步将设计更仔细地通过文档进行记录、审核和保留。

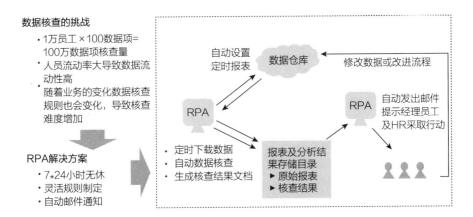

图4-8 RPA自动数据核查方案示意图

一般在HR数字化转型方案的具体后期实施中，通常我们会需要与不同的供应商进行合作，如果在方案设计阶段不重视文档，设计需求文档出现疏漏，那就会在后期实施中导致一系列的问题。

但在很多咨询项目中，设计需求文档往往是最薄弱的环节。这是因为咨询项目的方案在没有落地实施前很多问题不容易被暴露，因此，在时间紧任务重的情况下，文档化的重要性可能就会被忽视。

为了确保设计需求文档的质量，我们首先需要提高所有团队成员对设计需求文档的重视程度，成员只有重视了，才会认真对待，否则再怎么讲可能大家都不会仔细听、认真想、积极做。

我们先来了解设计需求文档在后续项目实施中的如下重要用途：

- **用于签订合同中的条款与供应商达成共识**：合同具有法律效力，是有效保护用户与供应商双方利益的有效武器。咨询结束之后依据方案HR通常会找负责项目实施的供应商签订合同，由于项目实施供应商很有可能没有参与咨询项目，因此在签订合同时容易疏漏一些具体需求，基于有疏漏的需求签订的合同就很容易造成今后双方的矛盾与纠纷。因此，如有完备的设计需求文档，那就是很好的达成共识的依据。

- **是决定项目预算和供应商报价的基础**：对于项目的预算，只有通过设计需求文档描述 HR 才可以更好地让不同的团队和供应商基于同样的要求来估算费用和报价。同时也可以基于需求的细化来区分预算的用途，达到专款专用的目的。

- **是 HR 验收项目是否符合项目目标的标准**：HR 在数字化转型中，一个很重要的任务是对项目是否达到目标效果进行验收，通常没有人能完整记住在设计方案时所涉及的所有需求细节。因此设计需求文档可以很好地帮助 HR 在将来逐条参考进行验证。

- **是变更管理的重要依据**：所有的项目在执行过程中都会由于各种原因使原来的需求发生变化，这对项目的成本和时间都会产生影响。只有基于最初明确的设计需求文档及与之相对应的预算分配，我们才能比较与项目初期的不同并进行相应的预算增减和必要的项目时间调整。

- **方便进一步形成用户手册和系统帮助文件**：在方案成果交付后，从用户体验的角度出发，对于所有系统的使用者通常我们是需要提供用户手册或者在系统中形成完备的帮助文件方便用户将来随时参考。因此完善的设计需求文件也能极大地方便我们在今后制作帮助文档。

通过以上的分析我们可以看到，设计需求文档有非常多的好处，可以通过文档确保设计需求内容被准确地传达给所有相关人员，也有利于各方进一步对设计进行审核和持续改进从而提高管理的效率。设计方案如果没有详细文档，仅仅通过员工口口相传，显而易见是不行的。

然而，HR 在设计需求文档时通常会遇到如下问题：

- **设计需求文档不全**：如果在制作咨询方案时往往时间比较紧张，对于方案所有需要实现的目标就不能完全概括记录，导致需求描述遗漏，影响未来的整体规划和预算。

第 4 章
咨询：赢得信任出谋划策

- **设计需求描述过于主观而缺乏客观量化要求**：叙述不够逻辑化、没有简明扼要概括关键点。有时文字过多但又模棱两可，导致和实施方沟通不畅，浪费时间。例如，对于用户体验的要求，如果文档中只是简单描述要求系统用户体验好。那么每一位看到这个描述的人，心里都一定会有不同的期望值。过于主观的描述会由于缺乏量化导致很多不必要的误解和争执。对于今后项目执行和验收也缺乏相应的约束。

- **设计需求变化的缺失**：在制定初步方案后需求往往会在各种验收和讨论过程中发生变化。如果对于设计需求文档管理不足，就会导致部分设计需求仍然停留在口口相传的层面或者散落在不同的邮件往来中而没有统一管理与更新。

设计需求文档示例

那么如何避免上述那些问题呢？接下来我会通过一些示例来说明作为 HR 如何管理好设计需求文档。

在 HR 数字化转型领域，一般来说 HR 对于编程技术、服务器、系统测试等很多知识是不熟悉的。那么从 HR 的角度来说，如何在不了解技术的前提下对设计需求文档提出要求和进行验收呢？基本思路就是化繁为简，各个击破。

通常我们最好能够定义一些标准的工具和模板来统一设计需求文档的格式，便于大家分工合作。具体模板的格式并不重要，模板只是为了方便统一整合，更重要的是如何分解工作的思路。

我们先引入一个简单易用的 IPOQ（Input，输入；Process，处理；Output，输出；Quality，质量）模板来记录需求。我们将选取传统的薪资系统每月薪资处理的功能（见表 4-1）和创新的人工智能面试功能（见表 4-2）通过 IPOQ 模板来描述基本需求。

表4-1 每月薪资处理功能 IPOQ 描述

Input 输入	薪资计算用数据文件（人员信息，工资，津贴，奖金，加班费，休假扣除）
Process 处理	1. 由薪资专员通过系统功能导入现有的薪资计算用数据 2. 系统进行综合薪资汇总计算 3. 系统进行个税计算（有员工本人承担个税及公司承担个税区分） 4. 系统将本月结果与上月结果进行自动比较，按照差异规则来找出异常的变动点 5. 由薪资经理对异常变动点进行审批确认 6. 系统生成工资转账、财务处理、工资单等后续处理所需要的报表
Output 输出	银行代发工资系统导入用文件，个税申报用表、薪资报表、财务处理用报表、员工工资单
Quality 质量	基于数据输入和薪资计算规则，确保薪资与个税计算、各项报表数据及员工工资单100%准确

表4-2 人工智能面试功能 IPOQ 描述

Input 输入	参加面试人员，面试分类题库
Process 处理	1. 面试人员登录系统 2. 系统向参与面试人员说明面试注意事项 3. 系统按规则从不同类型题库中随机抽取面试题进行提问并开始录制 4. 面试人员回答并确认回答完毕 5. 系统结束录制并告知面试人员面试结束可以退出 6. 系统根据视频及声音回答进行人工智能自动打分并产生是否通过面试的结论 7. 由招聘经理在系统中审批确定是否将系统面试通过者转入下次面试流程的安排
Output 输出	面试录制视频，面试结果报告及进入下次面试的名单
Quality 质量	在系统验证时，需要进行至少500次的真实面试测试，系统判断候选人是否通过面试的结果，需要和HR高级招聘经理判断是否通过的结果符合度达到90%以上

大家可以发现，其实 IPOQ 的记录方式就是通过分解的方法引导 HR 把设计需求逐步文档化下来，在方案设计阶段，设计需求描述只要在大范围上覆盖所有的关键点，对于详细规则可以后续逐步细化，对于技术细节和人工智能算法方案等完全可以借助技术合作方的力量共同进行完善，这样能够很好地与技术合作方进行有效的合作，在设计需求上各自贡献擅长的

部分而不是仅依赖技术顾问。通常技术顾问对不同公司 HR 的日常业务细节是不熟悉的，如果没有 HR 的参与仅依赖外部顾问很有可能会造成细节上的疏漏。

通过这样的设计需求记录可以在很大程度上应对一些制定需求时常见的挑战。例如，对于需求不全的问题，由于团队成员预先将工作有逻辑地进行拆分，把输入、过程及输出都明确区分开，可以方便地引导 HR 进行思考并记录各个层面的需求。对于需求缺乏客观量化的问题，HR 通过步骤描述可以看清楚每一步的前后关系，通过质量要求可以把最终的结果要求明确量化体现，避免含糊其辞。这些质量要求将来就可以转换成供应商合同中的条款。对于项目实施过程中需求的变化，HR 只要制定好管理规则，及时更新文档就可以避免新变化散落在各处，便于集中管理。

在 IPOQ 的基础上，如果项目的需求与更复杂的工作流程相关，那么我们就可以用类似于 SOP（Standard Operation Procedure，标准作业程序）的方式来描述。SOP 其实在某种程度上也可以看作是一系列 IPOQ 步骤的集成。

我们以员工年假申请流程为例。可以通过如下的两个 IPOQ（见表 4 - 3，表 4 - 4）的描述来实现，通过合理编号的方式，便于拆分和整合工作，通过团队分工合作最终形成完整的设计需求文档。

表 4 - 3　IPOQ1.1 员工登录系统提交年假

Input 输入	休假政策，员工剩余休假
Process 处理	1. 员工登录系统 2. 员工提交年假申请 3. 系统确认员工是否有足够假期 4. 系统发出邮件通知经理审批员工休假
Output 输出	通知经理审批的邮件
Quality 质量	要求系统能在员工提交申请后 5 分钟内即时发出通知经理审批的邮件

表4-4 IPOQ1.2 经理审批员工年假申请

Input 输入	通知经理审批的邮件
Process 处理	1. 经理通过邮件链接进入系统审批或者在邮件中一键审批 2. 系统发出审批结果邮件给员工（同意申请或者不同意申请）
Output 输出	通知员工休假被批准或者被拒绝的邮件
Quality 质量	要求系统能在经理审批申请后5分钟内即时向员工发出通知邮件

很多HR都比较熟悉SOP方法中的流程图，其实在制作项目需求的时候，我们同样可以通过类似图4-9的流程图来进一步细化反映人与人之间或者人与系统之间的交互过程。

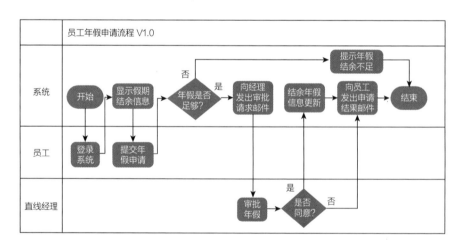

图4-9 员工年假申请流程图

相信大家可以通过示例感受到在有清晰逻辑化的设计需求文档之后，我们就比较容易针对现有的白纸黑字的需求提出很多问题和改进建议，然后将改进建议反映到需求文档的修改中去，逐步完善需求。这种设计需求文档的方式非常有利于在大项目组中分享需求信息和对需求进行持续改进。大家可以想象如果这些设计需求只停留在每个人的脑海中，那么要沟通清楚达成所有人的共识是多么的困难。

当然，在咨询阶段所形成的方案毕竟不是项目正式实施，更多的细节也要依赖于将来进一步实施时的产品选型和与合作方的进一步沟通，因此在细化的程度上要有一个平衡。建议团队在讨论方案时，把讨论过程中对发现的主要难点和风险点更多地进行细化，然后把细化后的关键点放在设计需求文档中保留即可。

4.3.7 落地执行

方案最终要落地才能真正起效果，因此在咨询过程完成之后，我们还要建立项目组，真正将设计的方案落地并达到预期的效果。HR 一方面要在方案设计阶段做好可行性的评估，另一方面要在项目执行时通过项目管理的方式来紧密跟踪实施。

我们在之前的步骤中形成的文档就是非常好的落地执行的依据，我们可以以此作为方案的需求文档来与不同的合作方进行沟通、询价、制定计划等。

4.4 如何呈现方案

有了设计方案后，要让关键的负责人能够认同并支持我们的方案，其中有一个很重要的环节就是如何呈现，同样的方案如果由不同的人来呈现，效果会完全不同。因此作为 HR，我们也要学会演讲和 PPT 资料制作的技巧，才能够更好地将方案效果呈现在业务方和领导的面前。接下来我们就具体来谈谈在方案呈现中演讲与 PPT 的道、法、术。

道、法、术出自老子的《道德经》，道，是规则、自然规律，为上乘。法，是方法、法理，为中乘。术，是行式、方式，为下乘。悟道比修炼法术更高一筹。"术"要基于"法","法"要符合"道",道、法、术三者兼备就有可能成就最好的结果。

4.4.1 道：影响、印象、引向

道是自然规律，也就是我们要明白演讲的终极意义和目的是什么。

一个人在台上说，一群人在台下听，是什么能让听众们全程全神贯注地听完演讲呢？是精美的 PPT 吗？不，PPT 是为演讲的目的而服务，因此一定不是最根本的道。

我用影响、印象、引向三个词来概括演讲的道（见图 4-10）。

图 4-10 演讲与 PPT 的道

影响：演讲者可能要通过各种感性和理性的方式宣扬道理、宣传理念、介绍产品、说服听众。只有影响听众才能达到演讲的效果，与听众的需求和情感产生链接，才会被人觉得有价值。

印象：每个人的心目中都有崇拜的不同的演讲者。虽然很少有人真正记得这些演讲者具体讲过什么、写过什么，但是一定能记得住这个人的名字，他的动作、神态、语气、风格等。

演讲 =55% 肢体语言 + 38% 声音 + 7% 内容，大家不要曲解这个公式，并不是说内容不重要，而是往往随着时间的推移，听众能记住的印象也就只有这位演讲者的肢体语言和声音了，而不是演讲内容。

因此，让听众对演讲者产生良好印象是很重要的，而且这个印象是有价值的，在我们呈现方案的时候，听众对演讲者的印象一定会影响他对于

方案的信任度。

引向：也就是指引行动方向的意思，没有行动就没有改变，因此在影响和印象的基础上，演讲还有一个终极目的是需要引导听众采取行动，通过行动来改变现状，获取支持。否则就会发生很多培训时讲师一顿演讲猛如虎，定睛一看学员训后原地杵的现象。

那么在呈现方案的过程中也是一样，我们一定要知道当自己在介绍完想法之后，如何能引发对于下一步行动的讨论。通常我们会列出一些需要讨论、支持和决策的点，依据这些点进行讨论就能让听众跟着演讲者的节奏和思路来完成对于关键点的讨论，而不会让讨论变得天马行空。

4.4.2 法：故事、逻辑、重点

法即方法，如何基于道想出一些好的方法来达成我们影响、印象和引向的目标。同样我用三个词来概括：故事、逻辑和重点（图4-11）。

图4-11 演讲与PPT的法

故事：人是感性的，有些理论虽然一句话就能讲完，但是如果不通过故事和案例补充说明，听众可能就不太容易认同和接受。演讲有时就是讲故事，能通过故事来说明观点的演讲才是好演讲。运用故事来说明自己的观点，不仅可以充实生动演讲内容，也能使演讲的主题变得更深刻，增强表达效果。

有个小故事是这样的：有个人买了一大箱梨，天气热怕梨坏了可惜就挑最差的吃掉，最后就吃了一箱烂梨。总结为一副对联，上联：放着好的

吃烂的，吃了烂的烂好的，横批：永远吃烂的。人生亦如吃梨，如果每天在意不开心的事就会一辈子糟心下去，把糟心的事情放下、扔掉，每天阳光一点，就会灿烂一辈子，真正有智慧的人会时刻留意不要让自己处在坏情绪中。

这个小故事简单易懂地表达了人生需要珍惜当下，积极快乐的道理。吃梨这样的生活场景不仅是演讲者，很多听众都会亲身经历，因此就更容易引发出听众的共鸣，产生情感上的连接。

逻辑：人是理性的，演讲内容是否有逻辑会对听众的接受程度有很大的影响，通过一定的顺序和结构化设计可以更容易让听众跟上演讲者的思路并理解演讲的内容。

为了让听众能跟上演讲者的思路，为演讲设计一个逐步递进或者深入的顺序很重要。例如可以有以下的主线设计：背景≥挑战≥原因≥方案≥行动≥跟踪≥改进≥结果。不是每一次演讲都要设计非常完整的一套逻辑，而是提醒大家在安排演讲内容的衔接时要通过听众可以理解的顺序来叙述。

在PPT的制作上HR可以采取一种叫逻辑线的做法，就是在每一页PPT上部的标题处都用一句话来表达这一页的中心思想。这样即使时间非常有限，例如老板只给你一分钟时间做简报，只要把每一页的第一行标题连起来读一遍基本就能表达出你想讲的主线和内容，这就是演讲的逻辑线。如图4-12基于A公司案例的汇报示例：

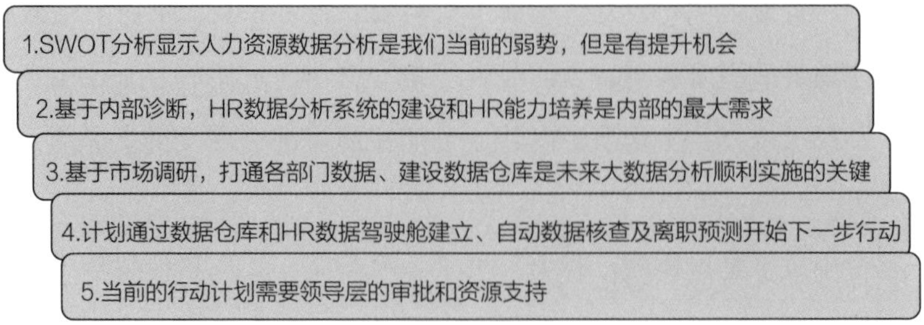

1. SWOT分析显示人力资源数据分析是我们当前的弱势，但是有提升机会
2. 基于内部诊断，HR数据分析系统的建设和HR能力培养是内部的最大需求
3. 基于市场调研，打通各部门数据、建设数据仓库是未来大数据分析顺利实施的关键
4. 计划通过数据仓库和HR数据驾驶舱建立、自动数据核查及离职预测开展下一步行动
5. 当前的行动计划需要领导层的审批和资源支持

图4-12 逻辑线

这 5 页 PPT 中可能会有 SWOT 分析、内部诊断结果、市场调研报告、具体行动计划及需要支持的审批点等。但无论每页 PPT 具体如何构建和展示，有了这些总结性的标题，演讲者要表达的内容就非常清楚。在演讲时如果演讲者突发由于紧张等各种原因而产生的大脑空白现象，也可以立即通过标题找回思路。

反之，如果 PPT 中只有图表的堆积而没有逻辑线的提炼，听者就不容易跟上演讲者的思路与演讲者产生连接。

在具体每一部分的内容上也可以通过结构化的方式来组织。例如可以通过如下的一些维度来进行（见表 4-5）：

表 4-5　逻辑线的维度

按时间轴	按地点	按不同角度
过去、现在、未来	北、上、广	道、法、术
起因、经过、结果	陆、海、空	事实、情感、逻辑
昨天、今天、明天	江、浙、沪	对人、对事、对物

大家可以看出在我举的例子里基本都是三个点，为什么这么安排呢？因为从听众体验来说，如果总结成两点听众会认为太简单，总结成四点听众就会不太容易记住，而三点不多不少刚刚好。

例如，本节就是从道、法、术三个角度来阐述演讲和 PPT 的心得。同时每个角度又用三个词来进行总结。

重点：俗话说重要的事情说三遍，如果是希望听众记住和行动的，一定要通过各种方式来强调这些重点。

强调重点可以通过加粗字体，或者用在 PPT 上只显示重点文字的方式来进行。

因为人的阅读速度和记忆力有限，因此 PPT 中切忌展示大篇文字，文字越多就越容易扰乱听众。结果要么就是听众没有时间和耐心看完你密密麻麻的文字，要么就是听众只关注阅读你的文字而听不到你在讲什么。

4.4.3 术：图片、数据、模板

图4-13 演讲与PPT的术

术就是指具体的工具，有了道的方向，法的思路，我们就要看有哪些具体的工具可以帮助我们把以上的一些方法进行落地。

图片：图片和照片是故事很好的补充，现在市场中已经有视觉引导师这一职业，可见思维视觉化的价值所在。一图胜千言，好的照片和图片会说话，会让人产生联想，产生美好的舒适感，这些都为演讲者的故事和叙述起到了很好的衬托作用。

大家在阅读一篇文章时如果有应景的图片也会让你产生遐想与灵感。因此，HR在平时多留意身边的美，多积累一些素材，可以极大方便我们在需要的时候找到所需要的照片。同时也鼓励大家多提升各种技能，例如摄影、绘画、美工等，也会累积自身在PPT制作上的功力。

在本章A公司案例方案的介绍中，我们已经看到在呈现方案时不仅使用了文字，还使用了图片等方式来加强听众对于方案的理解。

数据：数据加图表是逻辑很好的补充。大数据时代我们更要用数据来说话。数据有很多种表现方式，我们在前文中已经提到数据可视化可以用饼状图、柱状图、曲线图、散点图等方式来呈现。

如果希望把自己的图表更美观地展示出来，建议演讲者可以多看看一些咨询公司报告中的图表或者研究一下数据分析软件的一些示例。

需要特别强调的是，数据图表的美观不是重点，重点是我们需要按照

要表达及展示的目的，来选取适当的图表进行展示。

我们在本章 A 公司案例中的方案呈现，就有很多地方可以用到数字。例如，为了说明当前的数据准确率不够高，我们可以在数据统计的基础上用数字来说话。当然在强调的时候也要选择合适的方式，比如我们在提到某津贴的维护准确率的时候，如果我们说津贴的准确率为 95%，对于非 HR 人员来说可能就不会有太大的感觉，但是如果我们再补充提到，公司有 10000 人，95% 的准确率意味着有 500 人的津贴是错误的，就更容易对听众产生冲击感，从而提升获得支持的程度。

模板：现在听众对于演讲者的要求越来越高，不但要思路清晰、能说会道，还要幽默有趣，擅长 PPT 设计艺术等。由于一个人的精力和时间有限，要精通所有技能成为一个全才非常困难。模板的使用，可以减少演讲者在艺术设计这方面非核心价值上思考和尝试的时间。

当然不是核心价值也不意味着其并不重要，PPT 的呈现水准还是至少要达到大众审美的平均水准的。不要轻易相信自己从无到有的设计能力，除非你的作品已经得到验证和身边朋友们的良好反馈。在 PPT 艺术设计的道路上，创意可以首先从模板的模仿开始。

PPT 模板有免费的及付费的，HR 平时要多留意，收集模板千日，用到模板一时。就一般的模板而言，有封面、目录、内容、图表、分类、Q&A、感谢等不同类型的页面可以参考。需要的时候直接模仿这些模板即可。

最后总结一下，HR 在和业务部门的互动过程中，需要不断去了解业务痛点，思考如何能给业务定制一个相应的解决方案，在此过程中一定会有非常多的沟通工作，如果能够利用这些方法完美设计和呈现方案，那就一定能够获得更好的反馈和更多的支持。

有了良好的沟通，才能通过持续的合作奠定与相关方的信任基础。在咨询阶段能够达成紧密的合作，在后续跟踪实施的项目阶段，也就更容易成功，同时也能够让 HR 和各部门之间形成深入的合作伙伴关系。

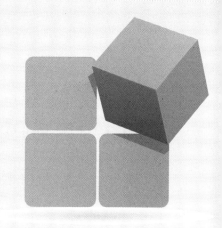

第 5 章

项目：
充分计划平衡制胜

5.1 HR项目管理概述

5.1.1 为什么HR需要管理项目

HR在当下VUCA时代会发觉项目这个词经常贯穿自己全年工作的始终。随着业务和HR部门的变化，各种新项目会如雨后春笋般不断冒出来。而数字化转型方案在落地实施的时候，就会需要通过项目的方式来进行。

这时HR可能就会被一个问题困扰，那就是HR是否要成为项目经理呢？在回答这个问题前，我们先来看看到底什么才是项目。

从项目管理协会的定义中，项目就是为创造独特的产品、服务或成果而进行的临时性工作。从此定义出发可以引出项目的如下几个重要特性。

- **临时性**：项目必定有开始和结束，没有永存的项目。
- **独特性**：每一个项目的都应该为特定的、独一无二的目的所服务。
- **要花钱**：每一个项目都要耗费人力和物力才能完成，因此项目管理的重要性之一就是要在合理的预算范围内完成既定的目标。

在HR工作中类似日常招聘、入离职办理、签合同等事务由于是重复性的，因此可以被称为业务流程而非项目。只有同时符合以上三个特性的HR工作，我们才适合使用项目管理的方式来运作。以下是一些HR项目的例子：

- 人力资源数字化转型
- 员工胜任力模型的建立

- 特定的人才发展与保留
- 企业并购中的人员转移

那什么是项目经理呢？一句话概括就是项目经理是对整个项目成功负责的人，没有之一！有一种常见的做法是 HR 会从外部咨询公司雇佣一位专业项目经理或顾问来担当 HR 项目的项目经理。但这样做真的有效吗？

如果我们以开发 HR 数字化系统为例，大家可以试想一下，在其他条件相同情况下，一位做完项目就要走的项目经理和一位需要将来一直利用 HR 系统的项目经理，谁会更了解用户需求，对项目更上心呢？

如果 HR 能够很好地掌握项目管理的技巧，担当 HR 项目的项目经理是最好的选择，因为只有这样才能让项目有很好的连续性，可以让 HR 在做管理项目的时候考虑到将来日常运营工作中可能遇到的问题并予以解决。

然而，有些 HR 对于要对项目成败负责这件事会觉得心里没底，甚至感到害怕。但其实 HR 要对项目成败负责的同时，也被赋予了相应的权力。只要把手中的权力用好我们就能进行合理的责任分配与追踪，让项目组中合适的人在合适的事上承担相应的责任。

5.1.2　项目管理方法论简介

在 HR 项目中 HR 应当积极担当项目经理的职能，把控全局。不少刚开始做项目经理的 HR，通常会觉得项目千头万绪不知从何开始，下面我们会通过一些简单理论的说明和示例让没有项目管理系统知识的 HR 们能够了解项目管理的基本原理并能实际操作开展相关工作。

美国项目管理学会（PMI）提出项目管理方法论中有九大领域（范围、时间、成本、质量、人力、沟通、风险、采购、综合）和五个过程（初始、计划、执行、控制、结束）。

HR可以先从简单的理念开始，化繁为简，各个击破。从基本的管理目标来说，先给大家介绍如下的项目管理三角形（见图5-1）。

图5-1 项目管理三角形

项目管理就是需要项目经理利用知识、经验和工具的应用，管理团队和项目，使得项目在成本预算范围内按时、按质完成项目所需要实现的目标。因此，项目管理最主要的就是要把握住范围、成本、时间的平衡，并确保最终的产出是高质量的。

5.1.3 HR在项目管理中的常见问题

HR如果作为项目经理，在项目管理中通常会遇到如下的一些问题：

- **供应商合作问题**：通常外部供应商日常就在与不同的客户执行各种项目，因此在项目运作上有丰富的经验，而传统的HR并不是每天都参与项目，因此在合作过程中有时会掉入项目管理的一些陷阱中，例如，在合同的签订中往往会忽视一些重要的、需要加入的保护条款来应对项目变化的风险。

- **项目预算问题**：项目的预算通常是有限的，HR在争取项目预算上也会相对被动，且在当前数字化时代，项目需求很可能会不停变化。给HR在管理项目时带来的挑战就是如何合理估计预算，管理好预算，不会因为项目的需求变化而导致最终没有预算支持等尴尬局面。

- **项目跟踪问题**：传统HR的工作很多时候是以固定事务流程为导向

的，因此在快速变化和不确定的环境中，需要学习如何能够更灵活地跟踪项目的状态。缺乏项目跟踪的方法论和理论基础，可能就会导致项目跟踪不利，产生延期或者项目成果不达标的情况。

- **团队管理问题**：做项目经常需要临时组建团队，但HR日常工作的团队相对比较固定，因此在合作过程中如何管理好临时项目团队，确保整个团队的士气也是一种挑战。

5.1.4 项目管理的终极目的

接下来我们会以HR工作中遇到的一些场景为例，从项目管理的不同维度向大家介绍HR如何能做好项目管理。我们会先着重介绍在计划阶段如何对项目三角形中的关键要素进行充分计划，因为良好的开始是成功的一半，只有在项目初期计划中考虑周全，才能尽量减少后期项目实施的风险。

在介绍方法论之前，我们还要来探讨一个问题，那就是HR来管理项目要达到的终极目标是什么？是项目按时完成吗？是项目成果的高质量吗？这些可以说是目标但其实又不完全是，大家试想一下自己所经历的项目有多少是真正按原计划完成的？又有多少项目可以被真正称为高质量的呢？如果严格统计的话并不多。

那么我们管理项目的主要目标是什么呢？简而言之就是让更多的人满意。为什么这么说呢？首先，无论是谁都不可能让所有人满意，所以永远不会有最满意，只有更满意！其次，谁来判断项目最终是否成功，是否高质量呢？最后还是由人来判断。即使项目经理自己觉得已经把项目做得完美无缺，项目报告中的目标指数全部爆表，但是最终项目是否成功这个评价不取决于项目经理，而是取决于其他人的评价。因此让更多人满意才是项目经理所要追求的。

在项目管理中需要关心满意度的人主要是指项目利益相关方，所谓项目利益相关方就是影响项目或者被项目所影响的人。例如，领导、经理、组员、团队、供应商等。甚至项目组员的家人也有可能是项目利益相关方，因为家人和项目组员的关系好坏也会影响项目组成员在项目中的表现从而对项目产生影响（见图5-2）。

图5-2 项目利益相关方

HR只有在项目初期了解各利益相关方的需求，才能通过满足他们的需求来取得大家对项目的支持而不是阻碍。例如，在一些大型跨国企业中，HR的组织比较复杂，有时看似一件很简单的事情，但是真正需要推进时，就会跳出一大堆平时都不认识的总部的人来对项目推进"指手画脚"，让人措手不及。其实这些问题需要HR在项目开始之前就充分做好项目利益相关方分析，了解到底哪些人可能会对项目产生重大影响以及他们的需求从而提前做好计划。

在全球HR系统的项目中，可能总部HR的需求是缩减HR成本、统一把控各个国家的HR相关数据和流程便于未来各种全球性调整。但本地的业务经理和员工的需求可能仅仅是希望让系统更好用，不要让系统使用成为日常工作以外额外的负担，因此自然会导致一些矛盾的产生。比如，总部HR希望经理能够有更多的自助服务，这样就可以减少对全球HR人员的投入，而经理则认为平时工作已经够忙了，如果系统确实做不到傻瓜式友好操作，HR 相关的工作应该由 HR 来统一完成。供应商往往又由于技术、商业模式等原因又无法达到从经理、员工角度的简单易用。要解决上述问题，HR 作为项目经理首先得清楚这些人背后的需求，才能游刃有余地通过各种沟通来促成和达到最终的平衡。否则大家会发现无论如何做都会有人不满意。

再来看一下项目利益相关方之一的 HR 项目组员。当项目比较多时 HR 经常会因为承担额外的项目工作而对本职工作产生影响，变得越来越忙，长此以往会对项目组员的士气和主动承担的精神带来影响。目前很多公司的 HR 团队人员又有不断精简的趋势，这就使得 HR 们更加忙碌了。

项目经理需要从工作量的平衡和职业发展角度来合理分配项目组员的工作，让 HR 们通过参与项目在能力上得到提高，拓宽职业发展的可能性。同时在工作量平衡上尽量避免 HR 的项目管理中成本预算的一个误区，那就是在做资源估算时只考虑必要的物力和外部人力（如：咨询公司顾问等）的资源，没有考虑自身 HR 团队的资源消耗。合理的做法是对平时 HR 团队的工作量有相对清晰的了解，在做项目估算时让项目预算包含 HR 的人力成本和时间成本。这样就可以用省下的 HR 日常工作的预算来引进其他人力完成日常的 HR 工作。以此达到 HR 日常工作与项目工作冲突的相对平衡。

最后我们再来谈谈供应商的需求，通常大家会认为供应商的需求就是赚钱，当然这不可否认，如果一味压榨供应商，那么项目是很难成功的，因为没有满足供应商的基本需求，就不能保证供应商的全力以赴。但不同供应商在不同阶段需求也会有所不同，例如，刚起步的公司希望通过大公司的项目来获得口碑。刚开发出新产品的公司希望能通过公司的项目获得新产品应用的实际经验和案例进而获取将来更多的项目。项目经理也要懂得把握这些供应商背后的需求，在项目进行过程中适当通过满足这些需求来换取在项目报价及人力支持上的优惠优势和供应商取得双赢。

当然还有各种不同类型的项目利益相关方，HR只要平时多注意沟通与思考，站在不同人员的角度去考虑不同的需求，就能很好地在项目中让大家共同为最终的项目目标而努力。

5.2 HR项目的范围和成本管理

5.2.1 如何定义需求

项目三角形中的范围，也就是我们通常所说的项目需求，项目需求定义的是这个项目到底要做什么的问题。需求指引着项目的方向，任何方向的变化对于项目的成本、项目完成的时间、项目最终成果的质量都会有影响。三角形的形状形象地体现了这一相互牵制的关系。

在很多HR数字化转型的项目中，HR通常需要和公司的技术团队合作，或者作为甲方和乙方公司进行合作。在这个合作过程中我们需要提出需求，以这个需求来界定项目的范围。

在前文中我们就已经提到设计需求文档化的重要性，在日常工作中把工作流程文档化是很好的、一举两得的管理方式。有了平时的积累，HR在有新技术、新变化的时候就可以将其作为项目需求分析的关键资料。既方便了日常的持续改进工作又提高了项目需求分析的效率。

在HR制定了项目的设计需求文档后，通常我们会把此需求传递给合作方来进行人力、物力的报价，有了详细的需求，合作方可以更快、更直接地了解到我们到底要做什么。完善文档化的需求也能方便我们让多个合作方同时进行方案设计，有效减少与不同合作方之间重复沟通需求的时间。

在提出需求的时候HR要尽量尝试用客观的方式来叙述对于质量的要

求。对于我们所强调的用户体验，也需要尽量用不同的方式来对用户体验需求进行描述。

例如，对于数字化系统的界面美观的要求，HR 可以明确参考某网站的设计风格，对于用户获取实时帮助的体验，HR 可以明确在各功能页面都需要有相应的使用帮助提示等。

如果实在比较难描述或者暂时无法确定某些方面的需求，HR 可以在需求文档中注明此需求为待定事项。让合作方将来在提出不同的解决方案和相应报价后，由我们在看到具体内容后再进一步确定。有了这样的描述，就不会在将来遗漏我们在方案设计时想到的一些需求。

在项目实施的过程中我们也一定会让合作方进一步从实施的角度来完善需求。按照笔者的经验，需求提出方的文档质量会在极大程度上影响合作方将来文档的质量。HR 在项目最初提供的高质量文档其实就潜在地为合作方设定了一个文档质量的高标杆，这样在项目初期就对项目质量起到了一定的促进作用。

5.2.2 如何申请和管理预算

HR 在完成了项目需求的定义之后，通常就需要去申请实施项目的预算。我们在介绍项目定义时也提到项目的特点之一就是要花钱，这就是项目管理三角形中的成本预算问题。

HR 们在一些项目中可能都在不同场合因为各种原因掉入过和预算相关的坑。以下是 HR 在项目工作中经常遇到的一些与成本预算相关的挑战：

- 经理不批预算
- 预算不够花
- 供应商要加钱

我们分别来看一下这些挑战造成的可能原因及建议：

挑战1：经理不批预算

大家首先要问自己一个问题："当我申请预算经理不批的时候，这到底是我的问题还是经理的问题呢？"答案只有一个，"一定是我的问题"。

因为我们作为下属真正能做的就是从自己出发，分析经理不批预算的根本原因是什么，是经理没有那么多预算呢？还是觉得你的报价性价比不高呢？还是其实你没有很好地沟通清楚你这个项目的好处呢？找到根本原因就可以尝试进一步通过沟通来影响经理并与经理逐步达成共识。

建议HR申请预算的第一步最好能告诉经理做这个项目的好处，也就是投资回报率，如果你能帮助经理算清楚这个项目的投资能帮部门省掉多少费用，那你就有可能被更多地授权。

我们以电子签项目为例，假设你已经做过了电子签在法律风险上的调查并且已经得到法律部的认可。那么接下来你就可以先帮经理算一笔账，每一本需要签字的资料加上邮寄成本假设在20元左右，如果电子签平均每份仅1元成本，1年中公司所需要签署资料有10000份，那么单材料费节省的19万元对于经理来说就是一笔可观的数字。

另外电子签在资料签署处理上可节省不少人工时间。假设每一份资料打印、书写、邮寄所需要的人工时间是10分钟，HR的工资成本假设是100元每小时，那么人力成本的节省就是10000份×10分钟÷60×100元每小时≈16.7万元。所以如果能把这些项目收益算清楚，聪明的经理没有理由不批准吧。

有时候HR在分析计算的过程中可能就会发现这个项目确实没什么效益，这时HR要么及时调整方案，要么通过数据分析向经理提议放弃方案。通过数据来和经理对话，相信经理也会更容易认同你的观点和建议。

在清楚项目的回报率之后，如果HR能用简单易懂的方式再将报价的构成表述清楚，就更是锦上添花了。通常大家是如何向经理汇报项目的报价构成呢？是文字描述加一个总金额，还是详细列表加上满满一堆数字的 Excel 表格呢？

一图胜千言，用图形最能让经理直观理解这个项目及费用大致是如何构成的。以开发 HR 系统为例，通常报价会牵涉到方方面面，可能经理之前的印象只有一个开发软件系统大概所需要的金额数字，对于其他的一些必要费用并没有直观印象。这时我们就可以用类似图 5-3 的示意图来向经理展示。图中灰色的部分就是开发 HR 管理系统可能会涉及的各方费用及将来长期日常运营需要维护费用的地方。

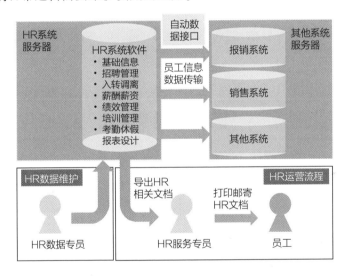

图 5-3　项目运营维护出资点

在和经理汇报时如果配上这张图，经理会更容易理解到底有哪些地方需要钱。然后再具体列举一张项目运行期间费用和今后日常运营费用的列表（见表 5-1），就比较容易把预算构成这件事情说清楚。如果没有图，要描述接口费用这一点就比较难以直观地让人明白接口费用是做什么的。没有图示，各部分预算之间的相互关系也比较难以清晰阐述。

表 5-1 项目费用类别

项目费用类别	项目期间费用	日常运营费用
软件费用	系统开发费用	系统软件服务费用
硬件费用	服务器租赁费用	服务器租赁费用
接口费用	自动数据接口开发费用	数据接口服务费用
HR 数据维护	HR 数据导入人力成本	HR 运营相关人力成本
HR 运营流程	线下流程设计费用	HR 运营相关人力成本

另外提醒大家的是，中大型公司各个部门都有 IT 系统（例如，报销系统、销售系统等），由于很多的财务销售等流程的审批都需要用到 HR 系统中员工经理的汇报线关系等信息，在建立或者替换 HR 系统时，一般都会牵涉到数据与其他系统的对接。即使是小型公司，我们也要考虑 HR 的数据如何能够和各个部门的流程做线下的结合。因此相应的做法和预算一定要考虑到项目预算中。另外对于表格中提到的日常运营费用，HR 最好提醒经理在部门长远预算规划中包含，避免遗漏。

挑战 2：预算不够花

HR 项目经理在拿到预算后并不是就万事大吉了，因为有时 HR 会发现项目做着做着，不知什么原因就超预算了。如果我们排除一些项目团队成员绩效问题的原因，那就很有可能是项目经理在前期预算没有做足。

如何避免出现这种超预算的情况呢？首先我们要搞清楚所有项目中主要的费用来源，尽量避免出现遗漏事项。

在这个过程中，要提醒大家不要忽略 HR 自身在项目中的工作量和成本。HR 如果是项目经理，那么相应的项目管理费用是需要计算在成本中的。如果项目工作和日常工作有不重叠的部分，势必需要额外的资源来弥补这块工作。

另外，制定项目需求和验收等工作也都是需要 HR 团队执行的，这也是保证项目质量的关键。所以建议在项目中也要合理估算 HR 的工作量和相应成本。对日常工作所产生的影响我们要用相应的成本来引入其他的支持以达到平衡工作量、确保项目顺利实施的目的。

以 HR 系统开发项目为例,由于很多工作都会由供应商和 HR 分工合作来进行,因此我们可以进一步拆分,通过如下表格(见表5-2,表5-3)分别把项目费用以及日常相关运营费用的估算明确下来,大家充分交流后各司其职。在项目初期就分工进行估算与报价,然后由项目经理和团队共同审核。

表5-2 项目费用估算分工表

项目费用类别	费用估算	
	需求提供与验收	方案设计与实施
系统开发费用	HR	软件供应商
服务器租赁费用	软件供应商	服务器供应商
自动数据接口开发费用	HR	数据接口供应商
HR 数据导入人力成本	HR	软件供应商
线下流程设计费用	HR	咨询公司
项目管理费用	HR	

表5-3 日常运营费用估算分工表

日常运营费用类别	费用估算
系统软件服务费用	软件供应商
服务器租赁费用	服务器供应商
数据接口服务费用	数据接口供应商
HR 运营相关人力成本	HR

在让各供应商报价时 HR 要注意两点:

- **HR 需求清晰**:只有 HR 清晰提供文档化的需求,供应商才有报价的依据,HR 才能获得可靠的承诺。

- **报价拆分**:就像我们需要让经理知道报价构成一样,HR 也需要尽量让供应商提供同样的进一步拆分报价，便于项目组审核或者通过横向比较来确认供应商报价的合理性。这也是在项目开始前就能够了解供应商工作能力的方法之一。报价拆分可让 HR 有更充分的依据与供应商进一步沟通协商。

对于 HR 工作的费用估算，通常我们可以采取如下两种方法先估算工时，再转成费用成本：

- **经验估算**：通过类似项目作为参考值，有一个大概的估算。比如，对于项目管理我们可以预估有一位 HR 项目经理有 50% 的时间会投入在项目管理中，或者我们也可以通过项目总工时的 10%~20% 作为项目管理的工时等各种不同的经验估算法。

- **自下而上的统计**：对 HR 工作的各种操作时间进行统计，乘以总重复次数就可以估算出以人时为单位的工时。在前文中提到通过统计打印、书写、邮寄一份资料的时间乘以预估资料总数来估算工时就是典型的例子。

在计算出需要的工时后，再将工时乘以 HR 人员的月工资福利即为相应成本。这里需要提醒的是，不同岗位的人工成本会有不同，所以针对不同岗位的费用做估算时需要使用不同的单位人工成本。把各种类型的 HR 项目相关工作都进行分析计算后便可以得出 HR 团队的费用估算。

将各供应商及 HR 估算的结果按照表 5-4、表 5-5 所示在表格中体现，就形成了项目完整的估算。同时这个估算是有需求、有逻辑、有责任人的。对任何部分有疑问的人员都可以找相应的估算方来进行沟通讨论，方便对整个项目的预算有效地进行分门别类的控制，避免将来出现一堆糊涂账。在项目执行过程中如出现预算不够的问题也很容易进行追根溯源和采取相应对策。

表5-4 项目费用估算

项目费用类别	费用估算	
	需求提供与验收	方案设计与实施
系统开发费用	20万元	100万元
服务器租赁费用	无	2万元
自动数据接口开发费用	5万元	30万元
HR数据导入人力成本	2万元	无
线下流程设计费用	5万元	30万元
项目管理费用	20万元	

表5-5 日常运营费用估算

日常运营费用类别	费用估算
系统软件服务费用	5万元/年
服务器租赁费用	1万元/年
数据接口服务费用	1万元/年
HR运营相关人力成本	30万元/年

挑战3：供应商要加钱

这个挑战在很多HR与不同供应商的合作中多多少少都遇到过，归纳起来无外乎两种原因：

- **HR的问题**：初期需求梳理不清楚，项目中后期需求有较大改变。
- **供应商的问题**：供应商能力不足，以低价吸引客户或者初期估算不足，在发觉成本内完不成项目后想尽办法找理由加钱。

对于HR的问题，建议如下：

- **项目初期重视需求文档化**：尽量结合各方力量把需求充分梳理清楚并通过文档化的方式清晰地记录下来，并以需求为基础进行估算，避免在项目初期造成遗漏。
- **预留风险防范基金**：任何事情都不可能做到100%完美，所以在项目中后期需求不发生改变的概率基本为0，因此建议HR在项目初期对于需求更改的可能做一定的风险评估，并依据评估的结果相应增加一定的风险防范基金便于在需求变动时调用此基金进行应对。

对于供应商的问题，建议如下：

- **重视合同条款**：一般供应商在合同中会约定费用结算方式，有的是按固定金额结算，有的是按照顾问工时结算。对于按照顾问工时结算的合同 HR 要特别注意对于顾问资质、工作效率和成果质量的定义，同时也应该有大致工作范围的约束。这样可以限制供应商不合情理的项目费用追加要求。对于固定金额合同，HR 项目经理也不要大意，由于固定金额合同的风险更偏向供应商，因此供应商一定会更小心应对，供应商通常会在合同中严格限制合同所覆盖的工作范围。所以如果甲方不看清楚合同就容易入坑，被供应商以需求增加为理由追加费用。

- **做好项目的变更管理记录**：项目中工作范围的变化除了增加以外也会有减少，把这些增加和减少都通过正式变更管理流程记录下来，也是很有效地在项目过程中和供应商对于变更定义及应对措施逐步达成共识的一种方法。如果没有平时积累的变更管理记录作为基础进行讨论，双方很容易产生矛盾。平时通过标准规范的流程来管理变更，会更容易与供应商达成共识、友好协商，对于整个项目的顺利进行和互惠互利至关重要。

HR 们掌握了项目预算的一些方法和步骤，就能避免在项目中掉入预算的陷阱。

5.3　HR 项目的时间和质量管理

5.3.1　项目的时间计划是如何产生的

在项目管理三角形中，以项目范围和成本为基础，项目经理对项目的另一重大承诺就是项目完成的时间，也被称为工期。如何制定出合理的项目计划能让项目按时顺利完成对于 HR 项目经理来说也是一件比较头疼的事情。

我们为什么需要有项目的时间计划。任何项目根据情况不同都会有时间限制，主要的时间限制来源由以下两部分组成：

- **项目最终完成日**：通常在企业中，项目的最终完成日会基于各种业务需要，根据实际情况由管理层制定，然后由项目经理执行。这个时间限制在某些情况下是项目必须要满足的。例如，我们在某些企业进行并购项目时，公司并购的日子是在签订大合同时定好的，HR 相关系统的变化和设置就都必须在这个指定的最终完成日之前完成，否则相关的员工薪资福利就会受到影响。

- **各项工作的先后顺序**：我们以装修项目为例，设计测量、水电改造、墙面粉刷、铺设地板、家具软装，这些步骤都是有先后顺序，不能颠倒也不能同时进行的。也正是因为这样，有时经理初定的项目完成时间往往不一定能被满足。这是项目需要有提前时间计划的重要原因之一，经过分析后需要项目经理进一步与企业经理协商达成最终时间表的共识。由此我们可以看出项目经理身上的责任是多么重大。

现实生活中没有人能百分之百预测将来的事情会如何发生。因此，即使项目计划是经过项目团队共同商讨出的结果，从某种意义上来看也会有很大的随机性。不同的团队和负责人来做相同项目的计划一定也会有不同的结果。某件事情怎么做、要做多久的判断都是基于各人能力、经验甚至当时的心情、压力的不同而不同。完成项目又需要多方共同合作，因此项目计划通常就是一个多方博弈最后取得平衡的过程。

在日常工作中，大家常常挂在嘴边的一句话是"计划不如变化快"，有人会想，"既然计划本身就是有随机性的过程，又随时会变，那我们为什么不抛弃计划，走到哪算哪呢？"

再次着重强调下，有计划和无计划对于项目管理来说是有天壤之别的，计划不仅仅是为了用来说服企业经理，没有计划就没有了变化的基础。

时间计划在项目管理中通常被称为基线。项目经理制定项目计划就是要通过各种方法把控大局，确定项目各方负责人能够良好地相互配合，按时开始、完成任务以满足项目最终时间点的需求。有了基线也就同时为将来的变化做好了准备。

我们举个例子来简单说明时间计划基线的重要性。如果供应商在进行HR系统开发中突然遇到一些技术问题，告知项目经理需要延迟完成系统开发。这就会压缩HR进行测试验收的时间，导致项目出现质量风险。

这时项目经理如何能有效地与供应商进行谈判与协商呢？这就必须基于之前供应商在合同中对项目工期的承诺。有了合同的约束供应商就有责任想办法解决这一问题确保开发按时完成，如供应商不能履行项目经理则需要通过约定额外的补偿来应对相应的项目风险。

HR团队应清楚测试验收的大致工作内容与分配情况。如果在供应商不能按期完成最终决定支付经济补偿时，HR就可以通过进一步分析，选择增加人手等方式来减轻项目质量的风险。

如果没有之前的计划和供应商的承诺，项目经理此时就会变得非常被动。所以，项目经理千万不能抱着边走边看的心态，忽视计划。很多经验及事实证明，如果采用走到哪算到哪的"佛系"项目管理方式，项目失败的概率会极高，且项目经理在公司中的生存难度也很大。

5.3.2 如何制定项目宏观计划与里程碑

认识到了项目计划的重要性，接下来我们就来看看如何有效地进行多方博弈，制定出项目计划。

项目计划一定不能由项目经理闭门造车单独制定，因为单人制定出来的计划很难被项目中的所有人认同，这会导致后续项目管理出现极大困难。

项目计划制定的最重要诀窍就是必须要多方博弈，需要有所有项目参与方共同制定和认可项目计划的过程。每个项目的情况都不同，只有让相关负责人共同参与计划，大家最终才能达成共识。不管博弈的结果如何，这个结果是所有相关负责人平衡协调后共同认可的结果。只有这样，项目经理才能把整个项目的交付责任分解至不同的负责人。

多方共同参与项目计划还能解决 HR 项目经理对各种非 HR 专业领域不熟悉的问题。对于一个稍微复杂一些的项目来说，没有一位项目经理能了解所有的细节和技术，项目经理要做的是把控大局。多方参与、群策群力可以有效地减少一些项目细节上的盲点，提升项目计划的可行性。

项目经理既然要把控大局，计划就得自上而下，从模糊到精确。因此通常我们可以先制定宏观上的项目计划，明确项目里程碑，然后再制定微观计划用于更细致的日常跟踪。在制定项目宏观计划和里程碑时，我们同样可以利用图示来直观明了地表示。

首先，项目经理需要与各相关负责人合作讨论，明确大致分工以及工作的相互关系，把这些工作按照先后顺序用箭头连接起来形成网状图。以网状图为基础再各自分别进行工期的估算。然后把网状图加上时间表就可以形成反映出工作的责任方、前后关系及工期计划图。这样的计划图在项目管理中通常被称为甘特图（见图5-4）。

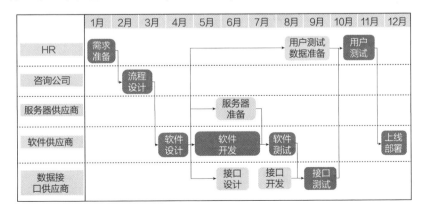

图5-4　HR系统开发甘特图

在工期估算的过程中，由于人性的本能是趋利避害的，因此供应商或者HR团队通常会因为希望减少风险而进行保守估计。如何能尽量减少这一心理因素对于项目工期估算的负面影响呢？

下面我们来看一下当HR作为项目经理时要求不同类型负责人进行时间估算时的一些注意点：

- **供应商工期估算**：在与供应商报价达成一致的前提下，有时供应商会因为内部资源安排问题拖延时间、拉长相关工期。为了应对这种风险，项目经理需要重视需求的文档化。有了明确的需求细节，才能让供应商按照细化需求进行人员投入安排及工期的估算，从而避免供应商为了保险一些，产生过于悲观的估计，或者由于对需求细节依赖关系的忽略，产生过于乐观的估计。同时我们可以要求供应商基于需求，提供工期估算的依据和细节，这样便于在有疑问的时候方便与供应商进行细节上的核对与探讨。

- **HR团队工期估算**：在HR内部讨论工期估算时通常会让团队对于工作内容进行时间上的评估，但不同的成员基于经验和能力，对于工期的估计也会有不同，这时我们可以辅助一些估算方法进行更加合理科学的估算。

例如，有一种估算方法叫三点估算法，也称PERT法，就是在计算每项工作工期时考虑三种可能性：最悲观的工期（Pessimistic）、最可能的工期（Most likely）、最乐观的工期（Optimistic），然后再计算出该活动的期望工期。

期望工期的公式为 $(P + 4 \times M + O) \div 6$。

例如，某项工作乐观估计工期为30天，最可能估计工期为50天，悲观估计工期为100天。

那么期望工期为 $(100 + 50 \times 4 + 30) \div 6 = 55$ 天，如果希望更加保险一些，可以在这个期望工期的基础上，适当按照一定的标准差增加估算天数。

具体的概率、标准差之类的概念和计算方法，有兴趣的朋友可以通过互联网进一步搜索相关知识。通常在 HR 项目管理中按历史数据进行大致估算，基本能满足工期估算要求。

5.3.3　项目关键路径与计划修正

在之前的那张甘特图中，我们是否注意到图中用了不同的颜色来标注不同工作？接下来要给大家介绍的一个概念就是关键路径。

什么是关键路径呢？我们先来看看图 5-4 这张甘特图中深色部分工作和浅色部分工作的区别，可以看出浅色部分工作相对灵活，调整度较大，稍微提早一些或者晚一些开始对最终的项目完成时间是没有影响的。

但是深色部分工作由于头尾紧密相连，前一项工作的结束就是后一项工作的开始，因此任何一项深色部分工作的延迟就可能会导致整个项目的延迟。因此如果在资源有限的情况下，显而易见我们要优先处理深色部分工作的风险和问题。这条路径就被称为关键路径，在项目中如果发现在关键路径上的工作出现问题，那就必须要优先解决，否则就会对项目结束时间产生影响。

当各方负责人在初步做出各自的工期估算以后，很有可能在连起来之后会发现项目的关键路径的末端会超出最初制定的时间要求，这时我们通常可以通过如下一些技术来对关键路径上的工作进行适当的调整：

- **检验初步估算的合理性**：项目经理可以找一些领域专家来共同评估和验证，看看是否在某些工作上的时间估算和以往的实际经验值有过大的差距。如果发现有类似情况，可以由领域专家和相应负责人或者供应商详细进一步讨论根本原因及缩短关键路径的可能性。
- **增加人力投入**：简单举例来说明，某位读者觉得某篇公众号文章对自己有帮助，帮忙转发的话，假设 1 小时能转发 60 次，那么这个工作量就是 1 人 ×1 小时 =1 人时，如果大家都觉得有用都能帮忙转发的话 60 个人用一分钟就能完成这1人时的工作。对于类似重复工作是可以通过增加人力的方式来解决的。

但每个项目都是独一无二的，不是一定能用加人、加钱的方式解决的。事物有其自然的内在规律，项目时间不是通过增加资源就可以无限缩短的。

同时需要提醒的是，即使是简单的重复性工作，人员的增加同样会导致沟通和管理成本的增加，因此还有额外的管理成本需要支出。

- **重叠前后工作**：有些工作虽然有前后关联，但是可以通过一定的分析将某些步骤进行重叠，比如，在用户测试的部分不必等所有的软件和接口测试完全完成以后再开始，可以等软件完成后先验收一部分和接口无关的功能。这样的方式也能缩短项目的关键路径。

通过如上的一些方法与 HR 团队及供应商们共同协商调整，经过不断迭代就能形成最终大家都一致认可的宏观计划。这个宏观计划中的一些重要节点就是项目里程碑，项目经理需要重视这些里程碑的关键节点，确保这些节点能顺利完成，从而很好地分阶段把控整个项目。

我们也可以看出项目宏观计划不仅仅是对工作任务的拆分和描述，也包含了各负责方对项目各项工作的承诺及工作间相互制约的分析。一旦项目因为变化需要调整计划时，我们就可以基于宏观计划及当时各方的承诺进一步进行协商和调整计划，通过再次博弈的过程达成所有相关方对调整后计划的共识。这个调整计划基线的做法在项目管理过程中通常被称为重订基线。

HR 要多了解一些在项目时间计划上的技巧和与各方共同制定计划过程中的一些注意事项。有了好的项目计划，就可以让所有的项目团队成员都清楚项目是如何一步一步实施达成最终目标的，并能够了解自己的工作在项目中的重要性和对其他工作的影响。这也是项目经理做好日常项目跟踪的基础。

5.3.4 如何通过计划确保质量

在有了项目宏观计划之后,一方面我们要进一步细化任务安排,落实到个人,另一方面要确保担当任务的项目成员尽量保质保量按时完成。我们在日常工作中可能经常会遇到此类问题,先用两个大家在平时可能遇到过的场景来引入这一话题:

场景一:

时间:星期一

项目经理:小蓝,麻烦你帮我做一个公司人员情况分析,我下周一下午要在项目会议中汇报。

小蓝:好嘞!

此时项目经理心中的分析表是这样的(见表5-6):

表5-6 公司人员分析表

性别	人数
男	6000
女	4000

学历	人数
专科	3000
本科	4000
硕士	2700
博士	300

年龄	人数
20~30	2000
30~40	4500
40~50	3000
50~60	500

部门	人数
支持部门	1000
销售部门	5000
研发部门	2000
生产部门	2000

时间:星期二 — 星期四

小蓝一直没有和项目经理汇报该项工作进度,项目经理心中也一直在纠结要不要提醒小蓝,但是又担心催促小蓝会让小蓝心里不舒服。

时间：星期五

项目经理终于忍不住了。

项目经理：小蓝，周一说的人员分析能尽快给我吗？我下周一下午就要用了。

小蓝：没问题，不过可能还要再晚些，最近比较忙，我周末要加加班。

项目经理：好的，辛苦了小蓝！

此时项目经理心里窃喜：周末还要加班，是不是小蓝知道我的会议重要，正在帮我细致调整成更好看的PPT啊，太棒了！

此时项目经理心中的想象是这样的（见图5-5）：

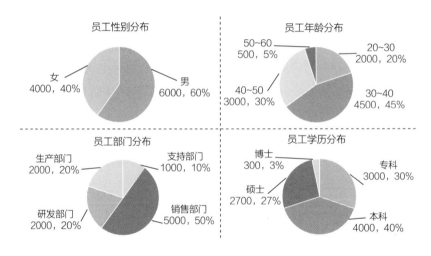

图5-5 公司人员分析图

时间：第二周星期一早上

小蓝：经理，搞好了，不好意思事情太多，周末晚上都整理到10点。数据都在里面了，您自己过滤下，挑需要的看就行（见表5-7）。

表5-7 员工信息表

姓名	性别	学历	出生年月	部门
张三	男	本科	1988-01-02	支持部门
李四	男	专科	1989-12-02	支持部门
王五	男	本科	1990-01-05	销售部门
徐玥	女	硕士	1980-09-02	销售部门
赵娟	女	博士	1976-08-08	销售部门
孙刚	男	专科	1993-09-09	支持部门
周芳	女	本科	1994-10-25	支持部门
吴海	男	硕士	1981-11-21	生产部门
成蓉	女	本科	1987-01-02	研发部门

项目经理顿时无语。

场景二：

项目经理：小深、小蓝，公司接下去要上个休假系统，你们先以年假为例给我个年假流程需求吧。

小蓝：好嘞！

小深：没问题！

项目经理心中的流程文档是这样的（见图5-6）：

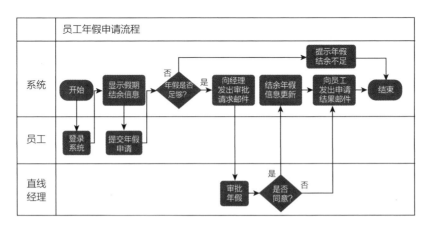

图5-6 员工年假申请流程图

结果拿到的是这样的（见图5-7）：

> **休假流程：**
> 由员工提交申请，经理批准
>
> 注：年假规则为入职即有15天，公司工龄每增加1年，年假增加一天，20天封顶

图5-7　员工年假规则

于是项目经理把小深和小蓝叫到会议室。

项目经理：小蓝你是一直负责公司休假政策的，小深你有IT背景，我是希望两位能够合作配合一下，怎么最后就给我这么简单的文档而不是流程图呢？

小蓝：不好意思经理，我没有经验，确实不知道您是希望用流程图的方式来描述流程需求，我就是把我知道的大概用文字写了下来，早知道我就让小深主要负责了。

小深：小蓝是负责休假的，所以我以为她之前有画过相关休假流程图，知道怎么做，而且她说她会回复您的，我就没好意思继续再问。

项目经理再次无语。

大家是否有遇到过类似情况，是否感觉有同样的痛苦和无奈呢？

如何避免以上场景中遇到的问题呢？首先大家要换位思考"如果我是项目经理，当我布置任务后项目团队成员拖延或者完成质量不符合要求，这到底是我的问题还是团队成员的问题呢？"答案只有一个："一定是我的问题"。

大家不禁要问，在之前谈到经理不批预算时是我的问题，怎么这次团队不出结果还是我的问题呢？人大多有两个特点：第一点是认为自己都是对的，第二点是这第一点很难被改变。所以我们真正能做的就是从自己出发，看看团队为什么会拖延，为什么质量不符合要求。是自己没有交代完整，是

质量要求不清楚,还是没有把一件事情很好地进行分步计划安排呢?

接下来我们就来分享一些经验和技巧,来看看如何在进行详细计划时,从管理角度尽量避免团队成员拖延和成果质量不达标的问题。

要说明的是,在详细计划中对于任务的前后顺序安排,前文中介绍过的网络图和关键路径方法是同样适用的。

大家在安排团队工作详细计划时,特别要注意如下 5 点:

1. 将工作步骤进一步合理划分

大家设身处地想一想场景一的情形。在公司里,如果经理让你一周后交作业,你通常会怎样应对。你会每天抽一些时间来进行这项任务,直到最后一天正好做完吗?通常不会吧,很多人都是虽然每天都在思考,但动手要靠最后一天,甚至是临近截止日期才开始思考。

既然这是人之常情,我们的计划就得从人性出发。要考虑到工作成果不太可能一次成型,基本都会经历初版、检查、修改、定稿的过程,因此我们要把一件事情在计划中拆分成不同的步骤才能更好地分步管理进度。

在场景一中,项目经理告诉小蓝下周一需要资料,是希望小蓝在周三能给一个初版,周四安排会议讨论修改,周五定出最终稿。这样即使周三发现结果不符合要求,也还有充足的时间可以调整。

如果所有事情都放到最后一天再来调整商讨,那么一旦出现问题,对于整个项目就会产生重大影响。特别是在关键路径上的工作,这就是任务细化的根本逻辑之一。要把任务拆解到更小的时间范围,才可有效避免团队出现拖延症的可能。

虽然这个道理听上去很简单,可大家想想,有多少人是在项目计划安排中把检查和修改的步骤写入计划的呢?

2. 在质量要求上与团队达成共识

每位项目成员的能力和经验不同,每个项目的要求也不同。因此,如果项目经理在安排计划时没有对于任务完成所需要的质量要求与团队达成共识，那么这个计划就是虚的。因为没有人知道按照规定时间做出来的会是什么样的成果，即使做出来也会像场景一那样让项目陷入困境。

项目经理可以通过如下一些方式来明确对质量的要求并与团队达成共识：

- **样本示例**：通过示例来说明希望工作能够达到的效果。一般来说，现成的示例能迅速让团队成员更简单、清晰明了地了解项目工作目标。
- **工作标准**：项目经理需要明确对于项目来说，哪些工作要求是必须被满足的。然后通过进一步细化将具体的工作规范、格式、要求、规则等详细列出，这样可以确保团队提交的成果在质量和规范上的一致性。工作标准也同时可以成为工作成果检查及团队成员表现评估的依据。如果项目经理平时对于分析报表就提出必须包含数据列表、图形分析和发现建议的要求，那就可以避免场景一中的尴尬情况。
- **沟通释疑**：在给出样本示例和书面工作标准的基础上，通常我们还应该通过沟通再次与项目团队确认对工作质量的要求是否达成共识，是否有任何误解，是否有更好的建议来调整样本示例和工作标准。

如果能做好以上几点，就可有效提高项目成果的质量。在万一有质量不达标情况时，团队成员一般也会更重视解决方案而不是用我不知道、我不清楚为由推脱责任。

对于质量要求的共识同样适用于与供应商的合作，虽然我们通常并不太管供应商精确到人的详细计划，但是我们必须要通过质量规范来约束供应商最终提交的成果质量来满足项目的需求。把量化质量要求明确到与供应商的合同中去也是对 HR 项目经理们的重要提示。

3. 在工期工时上与团队达成共识

项目经理可以让团队成员共同参与项目计划的讨论。有了对项目最终质量的规范和要求，我们就很容易与团队成员进行探讨来确认大家是否认同计划中对工期工时的安排。因为此时大家已经都清楚最终任务的要求，再和自己的工作经验相匹配，基本就能判断自己是否能够按时完成任务。

有了这个讨论与确认的过程，一方面在计划阶段项目经理可以大致了解团队成员的能力，同时也可以增强团队成员对这件事情的承诺程度。如果此时项目经理发觉大家对工时工期的理解有差异，就可以及早通过进一步双向沟通来了解根本原因，并进行相应的计划和人员调整。

大家试想如果场景一中的项目经理能在星期一就基于会议对分析报告的要求和小蓝进行商讨和确认，得到的结果应该会大不相同。

4. 项目计划要包含任务开始时间

通常我们在日常工作中的一些计划表只写有结束时间，而没有开始时间。但在项目计划安排时需要提醒的是：必须注明任务开始时间。

由于项目的工期来源于结束时间减开始时间，如果任务没有注明开始时间，那么在计划中就没有实际反映这项任务的计划工期。今后在需要进行计划调整时就没有了当初的计划工期作为参考依据。

另外，如果没有明确注明开始时间，那么也从主观上让执行人员有了不按时启动任务、往后拖延的理由。

5. 明确任务的唯一责任人

我们再来看看场景二中发生的问题。我们在工作中可能经常会听到经理这么说："A 和 B 请你们共同负责一下这个事情"。

大家如果是 A 或 B，听到这句话后是什么感觉呢？会不会开始纠结这个事情到底是该我主要负责还是让对方主要负责呢？如果主动要求负责对方会不会觉得我很自以为是？要求对方负责对方是否会觉得我在推脱责任？

如果能设身处地考虑团队感受，那么项目经理就应该在安排工作时，将责任明确到一个人。模棱两可会让一件事情没有人为此负责，同时在工作完成后功劳的归属问题也会变得模糊不清，不利于激励团队成员的主观能动性。

项目经理是整个项目成败的唯一责任人。如果项目失败那就是项目经理的责任。同时，项目经理在项目计划中也必须要将项目责任进行分解，相应由不同负责人共同承担。只有将责任层层明确，大家才能对各自领域各司其职，主动负责。

5.4 HR 项目风险管理

5.4.1 风险和问题的区别

到目前为止我们已经介绍了如何对于项目三角形中的范围、成本、时间和质量，在计划阶段做好充足的准备。那是不是计划完成了，我们就可以高枕无忧了呢？显然不是。

子曰：人无远虑，必有近忧。在项目管理中始终考虑风险管理是非常重要的。对项目完全负责的项目经理，如果不懂风险管理，真正发生问题时就可能会导致严重后果。另外，项目风险管理涉及项目的方方面面，所以项目经理首先必须全面掌握项目管理的基础才能更好地进行项目风险管理，因此风险管理在项目管理的培训课程中一般属于高阶培训。

既然要做风险管理，那么我们首先得清楚何谓风险？有不少人在管理或参与项目时，对于风险和问题这两个概念经常会搞混。我们先来看看以下的场景对话：

小白：报告经理，我发现项目有个问题，我从小深平时的状态来看，感觉他好像要辞职哦！

经理：小深没向我提过离职，这还不算是个问题，请按照项目风险来应对。

时间过了一个月……

小白：报告经理，我发现项目有个重大风险，小深和我说他马上要辞职了，他的项目资料我这里目前都没有备份，我担心项目到时出问题！

经理：这不叫重大风险，这已经是个重大问题了！一个月前你发现小深有离职风险的时候为什么不采取行动备份下资料？

小白：经理，你当时说这还不是问题啊！

经理：……

从这段对话我们可以看出如果团队成员对于风险和问题两者的定义搞不清楚，就容易在行动上出现问题。

我们在日常工作中遇到的情况虽然不会像这个例子这么夸张，这位经理的管理方式也有待商榷，但是通过这个例子我们希望说明对风险和问题的概念进行区分还是非常重要的。

风险和问题的定义如下：

风险：是指还没有发生的事件，有不确定因素。

问题：是指已经确定发生的事件。

我们对待风险和问题，处理方式是不同的。如果是问题通常我们需要立即应对，因为事件已经发生，不应对就会对项目产生直接影响。而风险由于还未发生，所以我们就可以有更多的选择权。对风险和问题的区分有助于我们在项目各种纷繁复杂的事务中，理清思路和优先度。

由于风险不是一成不变的，随时可能会有新的风险或既有风险发生变化，因此风险管理是需要贯穿在整个项目生命周期中的循环过程，在这个循环中主要有如下几个步骤（见图5-8）：

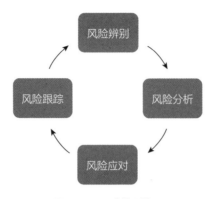

图 5-8 风险管理流程

5.4.2 风险辨别

风险辨别就是找出项目在某个阶段有哪些可能将来对项目有影响的风险点。

这一步骤中的关键点在于尽量让全员参与，而不是项目经理闭门造车、苦思冥想。一般来说，项目经理不可能完全清楚项目团队中各种事项的所有细节，所以如果仅依靠项目经理之力来单独辨别风险，那么这样的做法就是项目中最大的风险。只有团队成员群策群力才能尽量减少盲点。建议项目经理可以借用项目例会安排等相关环节来让大家头脑风暴，提出可能出现的风险和问题，或者利用共享文件或 IT 系统来定期收集项目团队发现的风险。

由于团队成员中可能会出现对于问题和风险概念产生混淆的情况，因此为了方便管理，我们可以把风险和问题一起收集，然后在表格中添加一列来注明该行是风险还是问题，在项目经理检查发现错误时也方便随时修改。

5.4.3 风险分析

在收集了各种风险和问题后，对于问题的处理比较直观，通常是和团队讨论应对方案并采取行动并及时跟踪即可。而对于风险，我们就需要进一步分析是否需要应对及如何来进行应对。

风险评估矩阵是一种常用的方法，通过发生可能性和影响度来对所有辨别出来的风险进行归类。如图5-9所示，风险发生的可能性有高、中、低之分，影响度大小也有高、中、低之分，把风险归到相应的矩阵方格中去，代表了我们需要应对的优先度。其原理显而易见，我们需要依次处理重大风险、主要风险、中等风险和轻微风险，这样可以在团队人力、物力有限的情况下，把资源用在刀刃上。

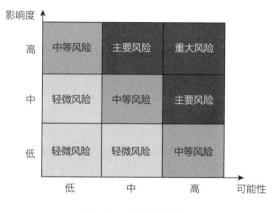

图5-9 风险评估矩阵

这里要提几个小问题考考大家。

- 判断一个风险的影响度是高、中、低的标准是什么？
- 判断一个风险的可能性是高、中、低的标准是什么？
- 每个人对同一个风险的看法不同怎么办？

大家是不是觉得这几个问题不太好回答？是的，这就是风险分析中的难点和重点。对此，有三点建议如下：

- **风险影响度的评估**：通常我们会从进度、范围、成本、质量、团队、合规等角度来评估风险对项目中关键要素的影响。但由于不同公司和项目的侧重点不同，因此对于风险影响度评估的维度也是不同的，我们需要根据组织和项目实际所关注的点对评估标准进行定义。

比如，在合规方面，我们可以定义所有可能违反合规和法律规定的风险为高风险。在成本方面，我们可以定义对项目成本的影响超过多少百分比为高风险，低于多少百分比为低风险，其他为中等风险。对于团队员工的离职风险，我们可以按照项目绩效排名划分。比如，排在前20%的员工离职为高风险，后20%的员工离职为低风险，其他为中风险。这样就可以通过一定的指导原则进行评估。

- **风险可能性的评估**：一般来说用经常发生、有时发生和难得发生就可以大致进行感性的评估。但如果项目经理要求严谨可以根据概率统计的知识来计算或者估计某件事情发生的概率，然后把概率分为三档，发生概率在40%以下的风险为低风险，40%~70%为中风险，70%以上为高风险。一般日常的风险分析不会做到计算具体概率的程度。我们主要是以此说明风险评估矩阵中对于高、中、低的评估也是需要有一定的指导原则，否则可能由于不同的成员对可能性的评估认知不同而导致评估出现不一致的情况。当然对于可能性的评估，如果能参考不同的行业经验来制定也会更加实用。

- **组成风险评估委员会**：由于每个人对风险的影响度和可能性的判断不同，因此我们需要组成一个风险评估委员会来代表整个项目组共同制定风险评判的标准、方法和流程，同时委员会也可以监督风险管理的状况。在项目组对风险有不同看法时，委员会也可以作为最终的风险决策团队。风险评估委员会通常会由行业经验丰富的专家、高层领导及项目经理等组成，以此确保风险评估委员会的决策是可以代表公司和项目的。

5.4.4 风险应对

通过对风险的分析，我们可以对风险排出不同的优先度，优先度可以有效地引导项目经理来决定如何分配资源应对风险，接下来介绍一些常见的风险应对方式。

为了让大家有更加感性的认识，我们用2019年我国个税改革作为例子来说明对于同样的事件，基于我们对于风险的分析，如何在项目过程中用不同的方式来应对风险。在2018年年底，税改的细则包括六项专项扣除的具体操作方式一直没有出台，因此很多企业都面临到底是继续等待税改细则出台还是立即联系供应商行动起来的抉择。

- **暂时搁置**：将风险暂时搁置不做特别应对也是一种应对的方式，有不少公司最初就是这么应对的。由于考虑到税改影响范围是我国所有企业和纳税个人，我们相信国家不会让企业陷入僵局，所以我们决定持续关注最新消息，耐心等待税务局的进一步通知。最终证明暂时的搁置确实是正确的应对方式之一，税务局最终提供了个人所得税App和开放了企业下载功能，因此我们也很快在细则和企业下载功能公布后开始相应的研究和测试行动，最终顺利完成了相应的转换，达成了目标。

从这个事例我们可以看出，对于某些风险，如果综合判断下来可以不采取行动，我们就无须花费额外的时间精力来应对。先记录下来等到风险相关的事件真正发生时再进行必要的应对。但是，对于风险做出暂时搁置的决定，也是需要经过全面判断，否则一旦判断失误也有可能会产生很大的问题。

- **风险转移**：项目在执行过程中，如果项目经理不想承担太多的风险，就可以用风险转移的形式来应对风险。在个税改革的例子中，某些公司为了应对细则不确定而产生各种变化的风险，会与薪资外包供应商进行协商，将税改细则对于系统流程变化的责任写入供应商合同的范围中，同时合同使用固定金额。这样无论税改政策最终如何落地，企业都不用担心有额外的、不确定的金额支出，同时也有合同作为应对变化的保障。当然对于类似的固定金额合同，通常价格会略微偏高，因为企业把风险转嫁出去，理应有对等的付出。对于供应商来说承担类似的风险其实也有好处，一是牢牢抓住了客户，二是供应商有技术和客户多的优势，可以通过一次开发和变动来应对所有的客户，真正的应对成本并不高。这项举措在一定程度上达到了双赢！

还有一种通常使用的转移风险方式就是保险。企业为员工购买各种保险，除了作为员工福利，其实也为公司降低了因为突发情况而产生意外支出的风险。如果发生意外事件，可以由保险公司来承担相应的赔付。这也是企业在运营管理时降低风险的一种做法。

- **行动防范**：除了暂时搁置和风险转移，我们还可以通过内部团队的一些具体的行动来对风险加以防范。还是以个税改革为例，如果在2018年下半年，公司需要进行薪资系统开发或者改造时，为了应对税改细则未落地导致需求变更的风险，公司内部就可以进行调整计划的行动，先行开发和税改无关的功能，将与税改相关的功能推迟到税改政策落地后再进行需求分析。这样就能缓解相应的风险。

另外比较常见的例子是，每个项目在进行中都一定会有人休假，因此为了应对员工休假对工作造成的影响，一般我们在项目中都会制定人员备份计划，来确保项目在员工请假时工作可以正常开展。这些都是通过项目组的行动来应对风险。

- **资源预留**：由于项目的风险很难穷尽，通常我们在项目预算完成后，可以根据整个项目的风险情况，预留一定的风险基金。在具体实操中，我们可以从历史项目中整理出一些常见的项目风险项，然后在项目估算初期由项目风险委员会组织大家共同探讨对每一项风险，然后打分，基于打分的高低通过加权平均得出整个项目的风险等级。对于高、中、低风险的项目可以分别预留项目预算的一定比例金额作为风险基金来应对项目将来可能发生的风险。

为了避免这一风险基金被项目经理不恰当地使用，我们需要由风险评估委员会进行监督，通过一定的规则来限定风险基金的启用条件。比如，我们可以设定启用条件为：对于发生在预算阶段已经评估过的风险，可以直接使用风险基金；发生在预算阶段没有被辨别出的风险，需要风险评估委员会的审批才可以启用。类似这样的规则，可以对风险基金的使用起到一定的管控作用，避免项目经理把风险基金当作项目资金直接使用。

5.4.5 风险跟踪

在制定方案后我们需要把在风险辨别、风险分析、风险应对阶段中得出的结果通过列表的方式记录下来，明确责任人，通过定期跟踪来确保相应风险的应对方案被真正落实。只有应对方案被真正落实到位，这个风险才能被关闭。另外，如果周围的环境和情况发生变化，我们也需要评估有没有新的风险产生或者之前的风险是否有新的变化。一旦发现有新变化我们就要回到循环的第一步骤进行风险辨别并持续更新风险列表。

以上就是项目风险管理的闭环流程。项目的风险管理除了需要团队人员掌握一定的方法和思路之外，更重要的是需要团队风险分析人员有比较全面和深入的行业经验，才能够更好地辨别和分析相关风险。风险管理也忌讳走形式主义，不能只有流程而没有实际的定期跟踪与分析。同时，由于项目可能出现的风险很多，项目经理也要学会抓大放小，通过分析找出主要风险，而不是胡子眉毛一把抓，把风险分析搞得过于复杂，添加无谓的工作量。

风险管理不仅会影响项目的成败，有时甚至会关乎企业的生存。在企业中一般会有业务持续计划（Business Continuity Plan，简称 BCP），是一种很重要的风险应对计划，BCP 是为了在企业面对由于自然或人为造成的故障或灾难时，防止正常业务中断而建立的计划。此计划中包含应对危机风险时相应的政策、组织、流程和资源，主要被设计用来保护关键业务步骤，最小化对于业务的负面影响并让业务恢复正常运行。

在全球新冠肺炎疫情中，很多家公司的 BCP 计划发挥了作用，让企业在突发状况面前立即启动备案，确保企业的正常运作，由此我们也看出无论是对于项目还是企业，风险管理都值得我们重视。

5.5　HR 项目的跟踪执行管理

5.5.1　挣值管理基本概念

在做好项目管理计划之后就要进入执行阶段，作为项目经理如何能对项目的执行情况进行跟踪呢？我们先来看看如下的一段对话：

经理：最近项目情况怎么样？

小深：报告经理，一切顺利！

经理：有没有具体的项目进度数据看一下？

小深：……（心想：进度数据是什么？）

经理：项目的成本有问题吗？

小深：应该没问题，经理！

经理：什么叫应该没问题，有没有项目成本跟踪表发给我参考一下？

小深：……（心想：怎么做成本跟踪啊？）

大家是否在项目管理上也有类似小深这样的疑惑呢？

通常 HR 在管理项目时不太会或者不太习惯用量化的方式来管理和跟踪项目整体的进度和预算使用情况。在项目管理中项目跟踪的标准方法论是挣值管理（Earned Value Management，EVM）。

如果对话里的小深懂得 EVM，并能真正在项目管理中运用。那么相信小深不仅能在 1 分钟之内清楚回答经理提出的问题，而且这样的汇报一定会超出经理的期望值。学会了项目跟踪的方法，和供应商之间的沟通合作也会变得更加顺畅。

但学习过 EVM 的朋友，经常会遇到一些挑战，因为 EVM 概念不是特别好理解，即使读懂了，在实际应用中也会遇到各种各样的问题。因此在这一节里，我将向大家具体解读什么是 EVM。

首先，EVM 方法论是为了项目跟踪的目标服务，因此我们要知道项目跟踪的主要目标：了解项目实际进度和计划进度相比是延迟还是提前？成本是超支还是节省？

从此目标描述中我们首先可以看出计划的重要性，没有完整详细的计划，我们就无法比较出结果。计划是项目跟踪的先决条件！

接下来，我们要解决的问题是如何将进度和成本进行量化管理？

为了引入量化的概念和方法，我们先通过一个人完成一项任务的例子来说明如何对单任务进行量化。

示例：假设按项目计划，我们让小深在某一周全职工作，制作完成一份员工薪资福利培训资料。对于这项任务的计划成本和计划进度的量化方式如下：

- **计划成本的量化**：我们先依据小深的薪资福利以及公司的经营成本的均摊来计算出每天小深的人工成本，假设每天小深的人工成本是 1000 元/天，1 周有 5 天工作日，那么这项工作的计划成本就是 $1000 \times 5 = 5000$ 元。
- **计划进度的量化**：在 EVM 管理中，我们用任务的计划成本来代表如果这个任务 100% 被完成后，整个项目计划能获得的价值。在这个例子中，如果培训资料被 100% 完成，那么项目计划获得的价值就等同于此任务的计划成本5000元。在后续跟踪的过程中，如果发现任务只完成50%，那么就可以统一用获得价值2500元的方式来量化进度。

这一概念是EVM中非常关键的部分，它把所有的成本和进度都通过同样的价值单位来衡量，就很容易进行进一步的比较和计算。在项目管理中我们把计划成本和计划进度的量化值统一称为计划值（Planned Value，PV）。在这个例子中，单任务的PV就是5000元。

仅向经理报告计划值还不够，既然是项目跟踪我们当然要统计和汇报项目在实际进展中的成本和进度状况。

假设小深在一周的正常工作时间内没有完成这个任务，然后在周五晚上加了8小时的班后，最终只完成了5个章节中的4个章节。我们来看看这时如何对实际的成本和进度进行量化。

- 实际成本（Actual Cost，AC）的量化：假设小深加班是需要加班费的，同时假设小深8小时的加班费是1000元。那么，这周的项目实际成本是5000+1000=6000元。

- 实际进度（Earned Value，挣值EV）的量化：由于5个章节中小深只完成了4个章节，假设每个章节的内容量都差不多，我们可以认为小深完成了80%的工作。以PV为基础乘以80%就可以得出项目实际进度所获得的价值。在项目管理中把这个实际获得的价值称为挣值（Earned Value，EV），就是通过工作进度的完成所挣得的价值。在这个例子中挣值就是计划值（Planned Value，PV）的80%，5000×80%=4000元。

简单总结一下这三个主要的概念以及在这个例子中的数值如下：

- 计划值（Planned Value，PV）：5000元
- 实际成本（Actual Cost，AC）：6000元
- 挣值（Earned Value，EV）：4000元

请大家牢记这三个概念，这是 EVM 管理中最主要的三个常用词和计算依据。

有了这三个值我们就能反映项目在某个时间点的进度和成本状况：

- **项目进度判断**：项目进度状况我们用某个时间点的 EV 和 PV 进行比较

EV < PV 表示：项目进度没有达到预期计划，项目延迟。

EV > PV 表示：项目进度超越预期计划，项目超前。

就这个单任务的例子来看，我们预期完成任务的计划值 PV = 5000 元，但实际获得的挣值 EV = 4000 元，EV < PV，表示该任务延迟。

- **项目成本判断**：项目成本状况我们用某个时间点的 EV 和 AC 进行比较

EV < AC 表示：项目实际花费大于已完成任务获得的价值，项目超支。

EV > AC 表示：项目实际花费小于已完成任务获得的价值，项目省钱。

就这个单任务的例子来看，完成这个任务实际获得的挣值 EV = 4000 元，但是为此花费的实际成本 AC = 6000 元，说明该任务在当前时间点已经超支 50%。

然而，EVM 的值只是反映项目在某个时间点的进度和成本状况，某个时间点项目的状态并不代表项目今后的状态。

如果刚才例子中的这个单任务，原计划不是一周而是两周完成。那么，即使第一周任务有延迟和超支的情况，项目经理和小深通过第一周的 EVM 跟踪了解到相应状况后，及时调整工作方法，在第二周就完全有可能把落后的进度赶上来，最后顺利完成任务。这就是项目跟踪的意义：通过及时掌握项目在各时间点的状态，发现潜在问题，预测项目潜在风险，并及时通过行动来解决问题，防范风险。

5.5.2 挣值管理实例解读

在公司实际经营中,项目往往是由非常多的任务和不同的执行者来组成。不过万变不离其宗,我们可以把整个项目的所有任务都拆分成一个个单任务,分别计算出不同单任务的 PV、AC、EV,最后相加在一起,就是整个项目的 EVM 管理了。

接下来,我们会设计一个小型模拟案例——HR 人工智能客服小程序开发项目,通过此案例详细向大家解说在复杂的项目多任务环境中,项目经理如何进行量化跟踪的过程。同时也会穿插介绍一些简单的新概念,比如进度绩效指数 SPI 和成本绩效指标 CPI。

- **模拟案例背景**:为了能够减少共享服务中心热线对于员工重复咨询的重复回答,提升服务有效性,公司准备上线人工智能机器人客服小程序智能回答员工和 HR 有关的问题。

- **项目工作步骤**:通过案例背景分析,我们设计如下的项目工作步骤:

1. HR 小深和小蓝需要共同整理人力资源不同板块的员工问题和标准回答。

2. 由软件供应商开发系统后,把 HR 收集准备好的资料导入系统进行调试。同时准备培训资料。

3. 系统在经过 HR 小深和小蓝的用户测试后正式上线。

4. HR 小深和小蓝需要基于供应商提供的培训资料对该小程序进行推广和宣传,使更多的员工了解这一全新的咨询渠道。

- **项目计划**:了解了项目工作的步骤,运用项目时间计划制定的知识,我们可以制定出如图 5-10 的以周为单位的项目时间计划甘特图。其中各项任务右边的浅灰色色块代表相应的工作在相应的时间段内进行。例如，从图 5-10 中可以看出按计划，小深在第一周需要完成 HR 政策的资料整理，软件供应商需要在第一周和第二周完成系统的开发等工作。

编号	任务	负责人	第1周	第2周	第3周	第4周	第5周	第6周	第7周
1	资料整理								
1.1	HR政策	小深	■						
1.2	薪资福利	小深		■					
1.3	入转调离	小蓝	■						
1.4	培训	小蓝		■					
2	软件开发与测试								
2.1	系统开发	软件供应商	■	■					
2.2	数据导入	软件供应商			■				
2.3	系统测试	软件供应商				■			
2.4	用户测试A	小深					■		
2.5	用户测试B	小蓝					■		
3	上线沟通								
3.1	沟通材料制作	软件供应商						■	
3.2	员工沟通安排	小深						■	
3.3	员工沟通	小蓝							■

图 5-10 项目时间计划甘特图

在有了如上时间计划后，下一步的关键操作是：计算整个项目在各时间段的计划值（Planned Value，PV）。我们要计算整个项目的计划成本并分配到不同的任务中，成为不同任务的计划值 PV。

在此模拟案例中，我们会基于如下一些假设条件来进行计算。

- HR 专员小深人工成本：1000 元/天
- HR 经理小蓝人工成本：2000 元/天
- 软件供应商相关的任务由供应商制定计划和报价，例如系统开发供应商报价 40000 元，工期 2 周。供应商的数据导入、系统测试、沟通材料制作等任务的报价分别都为 20000 元，工期均为 1 周。

根据前文中单任务的示例算法，我们可以计算出小深和小蓝承担任务的计划值 PV 并填入表格。比如，小蓝在前两周需要完成相关资料整理，那么每周小深任务的计划值 PV 是 1000×5=5000 元，小蓝任务的计划值 PV 是 2000×5=10000 元。

根据软件供应商制定的计划和报价，我们同样可以将任务的计划值 PV 进行分配。比如，对于系统开发由于供应商需要 2 周时间，所以每周平均的计划值 PV 为 20000 元。数据导入、系统测试、沟通材料制作等任务的计划值 PV 也均为 20000 元。

把所有任务的计划值 PV 填入表格进行小计和累计计算，我们就可以通过图 5-11 展示出的每周项目应该完成的计划值 PV 和项目最终应该累计完成的计划值 PV。可以看出其实这个项目的预算就是整个项目的计划值累计 PV160000 元。

（单位：元）

编号	任务	负责人	第1周	第2周	第3周	第4周	第5周	第6周	第7周
		计划值累计（PV）	35000	70000	90000	110000	125000	150000	160000
1	资料整理								
1.1	HR政策	小深	5000						
1.2	薪资福利	小深		5000					
1.3	入转调离	小蓝	10000						
1.4	培训	小蓝		10000					
2	软件开发与测试								
2.1	系统开发	软件供应商	20000	20000					
2.2	数据导入	软件供应商			20000				
2.3	系统测试	软件供应商				20000			
2.4	用户测试A	小深					5000		
2.5	用户测试B	小蓝					10000		
3	上线沟通								
3.1	沟通材料制作	软件供应商						20000	
3.2	员工沟通安排	小深						5000	
3.3	员工沟通	小蓝							10000
		每周计划值	35000	35000	20000	20000	15000	25000	10000

图 5-11　项目计划值 PV 计算

把每周计划值累计 PV 通过如图 5-12 连成一条趋势线，我们就可以很方便地看出这个项目是如何逐周达成最终目标的。

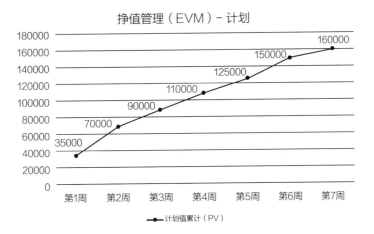

图 5-12　项目计划值 PV 累计趋势图

接下来我们要看看在项目执行的过程中每周都发生了些什么？作为项目经理应该如何把这些事情都通过 EVM 的方式记录下来并让大家一眼就可以了解到项目的最新状况。

项目的第一周：

项目情况：一切正常，小深和小蓝按时完成了 HR 政策及入转调离的资料整理，软件供应商也按进度完成了过半的任务。

EVM 计算：由于第一周三项任务的实际进度和计划相比都相同，因此 EV 和 AC 都和计划值 PV 相同，分别是 5000 元、10000 元、20000 元。把这三项任务的 EV 和 AC 相加就得出了整个项目在第一周结束后的 EV 和 AC：

$$EV = 5000 + 10000 + 20000 = 35000 \text{ 元}$$

$$AC = 5000 + 10000 + 20000 = 35000 \text{ 元}$$

把这些值填入表 5-13 就可以得出项目在第一周的情况。我们用深色进度条表示任务完成率，用单元格中的数值表示该任务当周的实际成本 AC。

(单位：元)

编号	任务	负责人	第1周	第2周	第3周	第4周	第5周	第6周	第7周
		计划值累计(PV)	35000	70000	90000	110000	125000	150000	160000
		挣值累计(EV)	35000						
		实际成本累计(AC)	35000						
		SPI=EV÷PV	1.00						
		CPI=EV÷AC	1.00						
1	资料整理								
1.1	HR政策	小深	5000						
1.2	薪资福利	小深		5000					
1.3	入转调离	小蓝	10000						
1.4	培训	小蓝		10000					
2	软件开发与测试								
2.1	系统开发	软件供应商	20000	20000					
2.2	数据导入	软件供应商			20000				
2.3	系统测试	软件供应商				20000			
2.4	用户测试A	小深					5000		
2.5	用户测试B	小蓝					10000		
3	上线沟通								
3.1	沟通材料制作	软件供应商						20000	
3.2	员工沟通安排	小深						5000	
3.3	员工沟通	小蓝							10000
		每周实际成本	35000						

图 5-13　第一周项目 EVM 累计计算

由于第一周的工作比较简单，所以我们再引入另外两个简单指标的概念。

进度绩效指数：SPI（Schedule Performance Index）= EV ÷ PV

成本绩效指标：CPI（Cost Performance Index）= EV ÷ AC

因为

- EV < PV 表示项目延迟，EV > PV 表示项目提前。
- EV < AC 表示项目超支，EV > AC 表示项目省钱。

所以通过公式，我们可以简单得出如下结论：

- 进度绩效指数：SPI < 1 表示项目延迟，SPI > 1 表示项目提前。
- 成本绩效指标：CPI < 1 表示项目超支，CPI > 1 表示项目省钱。

有一个比较简单的记忆法是，EV 都在前，成本相关除以 AC，进度相关除以 PV。大于 1 是好事情，小于 1 是坏事情。供大家参考。

如果用如图 5-14 的累计图形表示，我们可以看到和图 5-12 基本没有变化，主要原因是第一周一切按计划行事，因此 EV、PV、AC 三点重叠。这种状态就是标准的项目按时按预算进行。

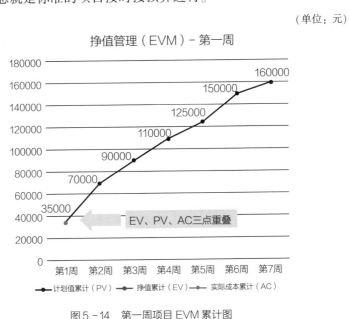

图 5-14　第一周项目 EVM 累计图

有了这张图，小深在数据的支持下只需向经理进行迅速的汇报，告诉经理："项目一切顺利，SPI 和 CPI 均为 1"，简单的汇报其实已经包含了对于进度和成本的跟踪结果，简洁明了。

项目的第二周：

项目情况：第二周，小深和供应商按时完成了当周工作。小蓝的工作效率提升，周一就完成了两天的工作量。但是从周二开始因为突发事件不得不请假至周五，剩余的工作没有完成。

EVM 计算：首先强调一下无论项目的实际执行进度和成本在项目进行过程中如何变化，除非我们决定重新调整计划的基线，一般是不会对 PV 进行变动的，正如前文所述，计划是一切比较的基准。因此，第二周的 PV 还是保持原计划中的计划值累计（PV）= 70000 元。

接下来，我们来计算下第二周的 EV 和 AC。

由于小蓝的情况相对复杂，所以我们先计算小蓝的工作。小蓝在第一天完成了两天的工作，所以第二周工作的完成率是 40%，那么第二周的 EV 就是原计划第二周的计划值的 40%，10000×40%=4000 元。

同时小蓝只工作了一天，所以第二周小蓝在项目中的实际成本 AC 是 2000 元/天×1 天=2000 元。

算清楚小蓝工作的 EV 和 AC 后，小深和供应商的计算就比较简单，由于他们当周的工作进度和计划相同，所以 EV、AC 和 PV 相同，分别为 5000 元和 20000 元。相加以后就可以得出项目在第二周的 EV 和 AC 分别是：

$$EV = 4000 + 5000 + 20000 = 29000 \text{ 元}$$

$$AC = 2000 + 5000 + 20000 = 27000 \text{ 元}$$

加上项目第一周的 EV 和 AC 就可以得出整个项目到第二周为止的 EV 和 AC 累积值：

第二周挣值累计（EV）= 35000 + 29000 = 64000 元

第二周实际成本累计（AC）= 35000 + 27000 = 62000 元

我们同样用深色进度条表示任务完成率，用单元格中的数值表示该任务当周的实际成本 AC，就可以把第二周的情况在图 5-15 中展示出来。我们可以看出第二周的 EV、PV 和 AC 已经产生了不同。

简单通过计算得出 SPI 和 CPI 之后，由于 SPI<1，因此我们得出的结论是项目延迟，又由于 CPI>1，因此得出的结论是项目省钱。

这里要着重补充说明一下这个省钱的结论。大家可以看到虽然小蓝请假了，但是请假前他的工作效率高，已经用一天做完了两天的工作。小蓝完全可以在休假回来后利用他剩余的工时来完成剩余的工作，不会导致项目超支。为了项目工时成本的统计精确，一般项目管理中员工请病假期间的工资成本不应计入项目成本。所以整个项目只是延迟但并没有超支，这一点是非常重要的概念，请大家仔细理解。

（单位：元）

编号	任务	负责人	第1周	第2周	第3周	第4周	第5周	第6周	第7周
		计划值累计(PV)	35000	70000	90000	110000	125000	150000	160000
		挣值累计(EV)	35000	64000					
		实际成本累计(AC)	35000	62000					
		SPI=EV÷PV	1.00	0.91					
		CPI=EV÷AC	1.00	1.03					
1	资料整理								
1.1	HR政策	小深	5000						
1.2	薪资福利	小深		5000					
1.3	入转调离	小蓝	10000						
1.4	培训	小蓝		2000					
2	软件开发与测试								
2.1	系统开发	软件供应商	20000	20000					
2.2	数据导入	软件供应商			20000				
2.3	系统测试	软件供应商				20000			
2.4	用户测试A	小深					5000		
2.5	用户测试B	小蓝					10000		
3	上线沟通								
3.1	沟通材料制作	软件供应商						20000	
3.2	员工沟通安排	小深						5000	
3.3	员工沟通	小蓝							10000
		每周实际成本	35000	27000					

图5-15 第二周项目 EVM 累计计算

当我们把如下这张图5-16展示给经理，那么懂 EVM 的经理就可以一眼看出，这个项目当前虽略有延迟，但成本控制方面良好。是不是很方便呢？

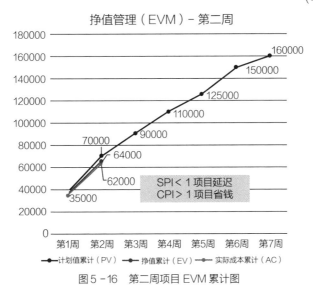

图5-16 第二周项目 EVM 累计图

项目的第三周

项目情况：

HR 工作：小蓝由于第二周病假，第三周继续完成上周未完成的资料整理工作。但小蓝的工作效率高，两天就完成了工作。

供应商工作：供应商需要在所有资料整理工作完成后才能利用整周时间进行数据导入，因此原计划数据导入的工作在第三周没有进行。

EVM 计算：

保持计划中的第三周计划值累计（PV）= 90000 元。

挣值 EV：由于小蓝完成了剩余的工作，那么第三周的 EV 就是这项任务的计划值减去第二周该任务已经完成的计划值，EV = 10000 - 4000 = 6000 元。

供应商由于无法进行工作，因此本周供应商完成任务的挣值是 0。

第三周挣值 EV = 6000 + 0 = 6000 元

第三周挣值累计（EV）= 64000 + 6000 = 70000 元

AC 计算：小蓝工作了两天，所以第三周小蓝在项目中的实际成本 AC 是 2000 元/天 × 2 天 = 4000 元。

由于一般公司和供应商之间的付款并不严格与供应商的实际工作进度相对应，如无特殊由于供应商原因造成的重大变动，在项目计划时分配的供应商成本 20000 元我们还是应该计入第三周的实际成本。

（注：实际成本的计算方法并不一定有严格的标准，只要依据项目管理的需求在同一个项目内统一即可，以此达成项目组对 EVM 解读的共识。）

第三周实际成本 AC = 4000 + 20000 = 24000 元

第三周实际成本累计（AC）= 62000 + 24000 = 86000 元

我们用深色进度条表示任务的完成情况，用单元格中的数值表示该任务当周的实际成本 AC，就可以把第三周的情况通过图表展示出来（见图 5-17、图 5-18）。

第 5 章
项目：充分计划平衡制胜

（单位：元）

编号	任务	负责人	第1周	第2周	第3周	第4周	第5周	第6周	第7周
		计划值累计(PV)	35000	70000	90000	110000	125000	150000	160000
		挣值累计(EV)	35000	64000	70000				
		实际成本累计(AC)	35000	62000	86000				
		SPI=EV÷PV	1.00	0.91	0.78				
		CPI=EV÷AC	1.00	1.03	0.81				
1	资料整理								
1.1	HR政策	小深	5000						
1.2	薪资福利	小深		5000					
1.3	入转调离	小蓝	10000						
1.4	培训	小蓝		2000	4000				
2	软件开发与测试								
2.1	系统开发	软件供应商	20000	20000					
2.2	数据导入	软件供应商			20000				
2.3	系统测试	软件供应商				20000			
2.4	用户测试A	小深					5000		
2.5	用户测试B	小蓝					10000		
3	上线沟通								
3.1	沟通材料制作	软件供应商						20000	
3.2	员工沟通安排	小深						5000	
3.3	员工沟通	小蓝							10000
		每周实际成本	35000	27000	24000				

图 5-17 第三周项目 EVM 累计计算

（单位：元）

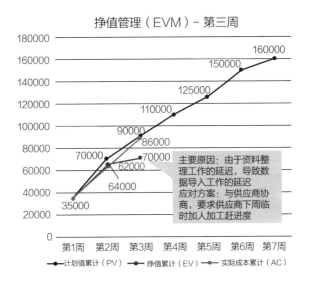

图 5-18 第三周项目 EVM 累计图

通过计算得出 SPI 和 CPI 之后,由于 SPI<1,说明项目进度滞后,又由于 CPI<1,说明项目当前成本超支。而且这两个值都比上周小,因此项目经理须提高重视程度并采取调整措施。

我们可以看出本周主要的问题在于进度滞后(注:成本超支是因为进度滞后,且供应商成本计入第三周而造成的,所以不是主要问题),因此我们可以及时和供应商协商,要求供应商在下周加人赶工来完成数据导入和系统测试的工作,将项目的进度赶上。

项目的第四周

项目情况:经过与供应商协商,供应商答应调整人员数量进行赶工并在第四周完成了数据导入和系统测试这两项工作。

EVM 计算:

PV:第四周计划值累计(PV)保持原计划 110000 元。

EV:由于供应商赶工完成了所有的工作,所以第四周的 EV 就是第三周和第四周此两项任务的计划值 PV 的总和 20000+20000=40000 元。

第四周挣值累计(EV)=70000+40000=110000 元

AC:实际的成本 AC 和当周供应商任务的计划成本相同为 20000 元。

第四周实际成本累计(AC)=86000+20000=106000 元

第四周的 EVM 统计图和跟踪图如下(见图 5-19、图 5-20)。

第四周的 SPI=1,说明项目的进度准时,又由于 CPI>1,说明项目的成本节省。结论是经过项目经理的跟踪与及时调整,项目的进展回到正常轨道。

第 5 章
项目：充分计划平衡制胜

（单位：元）

编号	任务	负责人	第1周	第2周	第3周	第4周	第5周	第6周	第7周
		计划值累计(PV)	35000	70000	90000	110000	125000	150000	160000
		挣值累计(EV)	35000	64000	70000	110000			
		实际成本累计(AC)	35000	62000	86000	106000			
		SPI=EV÷PV	1.00	0.91	0.78	1.00			
		CPI=EV÷AC	1.00	1.03	0.81	1.04			
1	资料整理								
1.1	HR政策	小深	5000						
1.2	薪资福利	小深		5000					
1.3	入转调离	小蓝	10000						
1.4	培训	小蓝			2000	4000			
2	软件开发与测试								
2.1	系统开发	软件供应商	20000	20000					
2.2	数据导入	软件供应商			20000				
2.3	系统测试	软件供应商				20000			
2.4	用户测试A	小深				5000			
2.5	用户测试B	小蓝				10000			
3	上线沟通								
3.1	沟通材料制作	软件供应商					20000		
3.2	员工沟通安排	小深					5000		
3.3	员工沟通	小蓝							10000
		每周实际成本	35000	27000	24000	20000			

图 5-19　第四周项目 EVM 累计计算

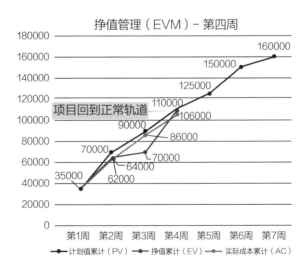

图 5-20　第四周项目 EVM 累计图

项目的第五周

项目情况：

HR 工作：在供应商完成系统测试后，小深和小蓝开始进行用户测试，由于对此系统的复杂度预估不足，所以小深和小蓝到周五没有完成任务，通过周末加班一天半最终完成任务。

供应商工作：项目经理为了防止再出意外状况，和供应商商量，让供应商提前制作沟通材料，于是供应商在第五周就完成了本来计划应在第六周进行的沟通材料制作工作。

EVM 计算：

PV：第五周计划值累计（PV）保持原计划 125000 元。

EV：无论实际花了多少成本完成任务，任务完成后所获得的 EV 都应以该任务的原计划值 PV 来计算。因此小深和小蓝虽然额外加班完成了任务，有额外的成本付出，但获得的 EV 仍是这两项任务的原计划值 5000 元和 10000 元。

由于供应商提前完成了第六周的工作，所以第六周任务的计划值 20000 元也要计算到第五周的 EV 中。

第五周 EV = 5000 + 10000 + 20000 = 35000 元

第五周挣值累计（EV）= 110000 + 35000 = 145000 元

AC：小深和小蓝周末加班 1.5 天，假设周末加班的成本是平时的一倍。那么小深和小蓝的成本分别如下：

小深：$5000 + 1000 \times 2 \times 1.5 = 8000$ 元

小蓝：$10000 + 2000 \times 2 \times 1.5 = 16000$ 元

对于供应商成本的计算和第三周的原理类似，我们可以假设和供应商的付款计划固定，因此本周不会因为供应商提前完成任务而有提前的成本支出。

第五周 AC = 8000 + 16000 = 24000 元

第五周实际成本累计（AC）= 106000 + 24000 = 130000 元

第五周的 EVM 统计图和跟踪图见图 5-21、图 5-22。由于第六周任务提前完成，因此第六周的供应商进度条也是深色。

（单位：元）

编号	任务	负责人	第1周	第2周	第3周	第4周	第5周	第6周	第7周
		计划值累计(PV)	35000	70000	90000	110000	125000	150000	160000
		挣值累计(EV)	35000	64000	70000	110000	145000		
		实际成本累计(AC)	35000	62000	86000	106000	130000		
		SPI=EV÷PV	1.00	0.91	0.78	1.00	1.16		
		CPI=EV÷AC	1.00	1.03	0.81	1.04	1.12		
1	资料整理								
1.1	HR政策	小深	5000						
1.2	薪资福利	小深		5000					
1.3	入转调离	小蓝	10000						
1.4	培训	小蓝			2000	4000			
2	软件开发与测试								
2.1	系统开发	软件供应商	20000	20000					
2.2	数据导入	软件供应商			20000				
2.3	系统测试	软件供应商				20000			
2.4	用户测试A	小深					8000		
2.5	用户测试B	小蓝					16000		
3	上线沟通								
3.1	沟通材料制作	软件供应商						20000	
3.2	员工沟通安排	小深						5000	
3.3	员工沟通	小蓝							10000
		每周实际成本	35000	27000	24000	20000	24000		

图 5-21 第五周项目 EVM 累计计算

（单位：元）

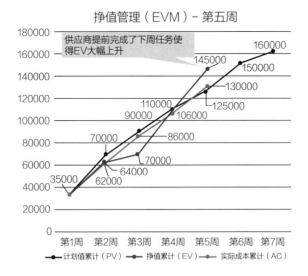

图 5-22 第五周项目 EVM 累计图

第五周 SPI > 1，说明项目的进度超前，CPI > 1，说明项目成本节省。这时大家可能会有一个疑问，小深和小蓝本周加班会有额外的加班费支出，为什么这时还会得出项目成本节省的结论呢？这是因为：

1. 在第二周及第三周资料整理的工作中，因为小蓝工作高效，当时实际成本节省了 4000 元，可以抵掉本周部分用户测试任务的超支。

2. 由于第六周供应商的任务在第五周超前完成，因此 EV 又增加了 20000 元，但实际成本由于依据前文中提到的计算规则，没有把 20000 元的实际成本算进第五周的成本。因此还是出现 CPI > 1 的结果。

由此我们可以看出：

1. 整个项目到计算时间点为止整体的 EV 和 AC 情况，单个任务的延迟并不代表整个项目一定会出问题。只有在所有任务跟踪值相加后出现了延迟和超支的情况才代表整个项目有风险。

2. 项目经理同样需要了解 SPI 和 CPI 结果背后的原因，这样可以避免盲点，比如，第五周虽然 SPI、CPI 都大于 1，但是项目经理应当知道是由于供应商提前完成任务的 EV20000 元使得 CPI 值偏高。但其实 HR 部分人员的费用已经超支，因为第五周加班费总共有 9000 元，减去小蓝在第二周和第三周节省的 4000 元，和计划相比，HR 人员部分的费用是超支 5000 元的。项目经理在后续的工作中就需要对此注意跟踪和调整。

项目的第六周

项目情况：沟通资料已经在第五周完成，因此本周唯一的任务就是员工沟通的安排，小深在沟通安排任务中利用了一些自动化工具提升了会议安排和邮件通知的效率，原计划 5 天完成的任务，仅用 2 天就全部安排妥当。

EVM 计算：

第 5 章
项目：充分计划平衡制胜

PV：第六周计划值累计（PV）保持原计划 150000 元。

EV：保持沟通安排这项任务的原计划值 5000 元。

第六周挣值累计（EV）= 145000 + 5000 = 150000 元

AC：小深完成任务只用了 2 天：1000 × 2 = 2000 元，依照供应商成本记入规则，在本周加上原计划发生的供应商成本 20000 元。

第六周 AC = 20000 + 2000 = 22000 元

第六周实际成本累计（AC）= 130000 + 22000 = 152000 元

第六周的 EVM 统计图和跟踪图见图 5 - 23、图 5 - 24。我们可以看到第六周 SPI = 1 说明项目的进度和原计划一致，CPI = 0.99 说明项目成本有轻微超支情况。此时项目已经进入尾声，看到这样的 SPI 和 CPI 值，项目经理和经理就有理由放心整个项目可以顺利完成。

（单位：元）

编号	任务	负责人	第1周	第2周	第3周	第4周	第5周	第6周	第7周
		计划值累计(PV)	35000	70000	90000	110000	125000	150000	160000
		挣值累计(EV)	35000	64000	70000	110000	145000	150000	
		实际成本累计(AC)	35000	62000	86000	106000	130000	152000	
		SPI=EV÷PV	1.00	0.91	0.78	1.00	1.16	1.00	
		CPI=EV÷AC	1.00	1.03	0.81	1.04	1.12	0.99	
1	资料整理								
1.1	HR政策	小深	5000						
1.2	薪资福利	小深			5000				
1.3	入转调离	小蓝	10000						
1.4	培训	小蓝			2000	4000			
2	软件开发与测试								
2.1	系统开发	软件供应商	20000	20000					
2.2	数据导入	软件供应商			20000				
2.3	系统测试	软件供应商				20000			
2.4	用户测试A	小深					8000		
2.5	用户测试B	小蓝					16000		
3	上线沟通								
3.1	沟通材料制作	软件供应商						20000	
3.2	员工沟通安排	小深						2000	
3.3	员工沟通	小蓝							10000
		每周实际成本	35000	27000	24000	20000	24000	22000	

图 5 - 23　第六周项目 EVM 累计计算

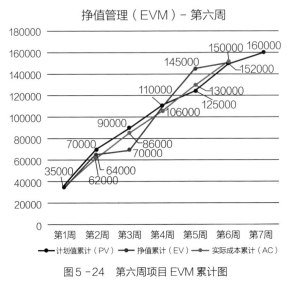

图 5-24 第六周项目 EVM 累计图

项目的第七周

项目情况：由于上周项目略有超支情况，项目经理在本周又进行了调整，考虑到小深对沟通资料已经比较熟悉，于是把最后一周的沟通任务交给了人工成本较低的小深，同时也想借机锻炼下小深。最终小深很好地完成了任务。项目顺利结束。

EVM 计算：

PV：第七周计划值累计（PV）保持原计划 160000 元，这也是当时项目的总预算。

EV：第七周新完成的任务为员工沟通，EV 就是这项任务的原计划值 10000 元。

第七周挣值累计（EV）= 150000 + 10000 = 160000 元

AC：由于小深代替了小蓝，因此本周的实际成本为小深的人工成本 5000 元。

第七周实际成本累计（AC）= 152000 + 5000 = 157000 元

第七周的 EVM 统计图和跟踪图见图 5-25、图 5-26。我们可以看到第七周 SPI=1 说明项目按时完成，CPI=1.02 表示项目略有盈余。至此这项模拟项目就可以完美收官了！

（单位：元）

编号	任务	负责人	第1周	第2周	第3周	第4周	第5周	第6周	第7周
		计划值累计(PV)	35000	70000	90000	110000	125000	150000	160000
		挣值累计(EV)	35000	64000	70000	110000	145000	150000	160000
		实际成本累计(AC)	35000	62000	86000	106000	130000	152000	157000
		SPI=EV÷PV	1.00	0.91	0.78	1.00	1.16	1.00	1.00
		CPI=EV÷AC	1.00	1.03	0.81	1.04	1.12	0.99	1.02
1	资料整理								
1.1	HR政策	小深	5000						
1.2	薪资福利	小深			5000				
1.3	入转调离	小蓝	10000						
1.4	培训	小蓝			2000	4000			
2	软件开发与测试								
2.1	系统开发	软件供应商		20000	20000				
2.2	数据导入	软件供应商				20000			
2.3	系统测试	软件供应商					20000		
2.4	用户测试A	小深					8000		
2.5	用户测试B	小蓝					16000		
3	上线沟通								
3.1	沟通材料制作	软件供应商						20000	
3.2	员工沟通安排	小深						2000	
3.3	员工沟通	小深							5000
		每周实际成本	35000	27000	24000	20000	24000	22000	5000

图 5-25　第七周项目 EVM 累计计算

（单位：元）

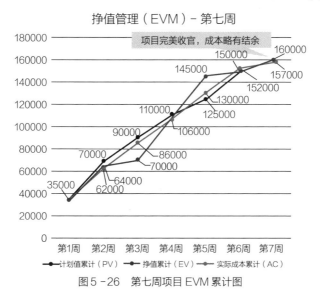

图 5-26　第七周项目 EVM 累计图

最后总结一下对于 EVM 管理的两点经验供大家参考：

1. 很少有项目能达成非常精确的 EVM 管理：对于复杂项目，特别是甲方作为项目经理的项目，要把所有供应商和内部人员的工作切分成合适的粒度并进行清晰的 EVM 管理，需要耗费巨大的工作量及需要特别完善的工具，整个团队的主要负责人也对此理论十分熟悉。另外，目前在一些甲方负责管理的项目中，对于一些甲方的人力成本，也没有非常严格的人力成本管理机制，造成了运用 EVM 的困难。基于此原因，在现实中 HR 项目是不会采取精确 EVM 管理方式的。

2. 学习 EVM 管理的主要目的在于——"手中无剑，心中有剑"：既然平时不会绝对用到，那我们了解 EVM 管理细节的意义是什么呢？这是因为理论要高于实践才能指导实践，因此有了对于理论的深刻认识，我们才能在掌控复杂项目的时候做到思路清晰，了解大局。在与项目各方的博弈中也较容易影响利益相关方达成对于问题的共识。虽然我们不采用精确的 EVM 管理每一个任务，但是可以借鉴 EVM 管理的方法对于整个项目的宏观计划进行监控，真正做到从大局出发，"手中无剑，心中有剑"。

希望大家可以通过对这项模拟案例的学习和研究，掌握 EVM 管理方法的一些基本思路和精髓，并在今后的项目管理中进行适当的尝试，加深印象，灵活应用。

5.5.3　项目汇报健康评估

学会了对项目进行跟踪，再结合之前所有的知识点，我们就需要定期评估项目的进展状况和健康程度并向经理进行项目汇报。

做项目定期汇报时，我们可能会存在如下一些常见问题：

- 长篇累牍：缺乏整理归纳。
- 以偏概全：管中窥豹，无全局观。

第 5 章
项目：充分计划平衡制胜

- **主次不分**：汇报时各种内容堆积，抓不住重点。
- **缺乏数据支撑**：逻辑混乱，导致说服力不够。

为了解决这些问题，我设计了一种针对项目的极简汇报思路，我们先参考如下的极简报告，再逐步解释其背后逻辑（见图5-27）。

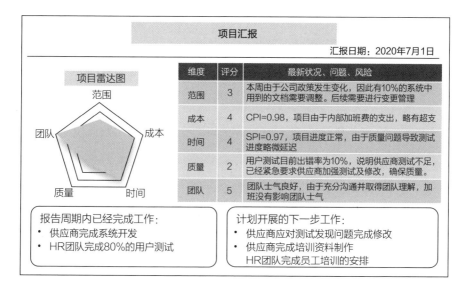

图5-27 项目的极简报告

这份报告试图从以下角度解决汇报时的常见问题：

- **简洁明了**：项目状况用雷达图表示一目了然，使项目汇报的精华都集中在一页纸上。概述近期已经完成和计划完成的工作，简洁地让阅读者大致了解近期的一些项目背景及行动。解决了长篇累牍的问题。
- **分析全面**：包含了项目管理中所有重要维度并适当地通过量化展示，解决了以偏概全的问题。
- **突出重点**：结合分析，通过评分和颜色，突出项目存在的风险和问题。同时也可以展示团队的重要成绩。解决了主次不分的问题。
- **数据支撑**：在描述中尽量将项目管理中可以量化的部分通过数据来

展示，证明项目的健康状态。解决了说服力不够的问题。

接下来我们要介绍如何设计项目汇报中的项目评估维度，并在项目管理过程中如何为这些维度打分来反映项目状况。因为只有明确汇报之后的管理逻辑，这份项目汇报才能真正反映出项目实际的健康状况而不是通过汇报人员随意主观判断产生的评估。

项目管理分九个管理领域：范围、时间、成本、质量、人力资源、沟通、采购、风险和整体。在汇报中简单引用这九个维度固然方便，但这会导致维度过于复杂，同时在内容方面也会产生一些不必要的重复。比如，每一个管理领域中都需要进行风险评估，因此再单独列出风险管理维度就是不必要的重复。

我在项目雷达图的设计中首先选取了项目管理中最重要的范围、时间、成本和质量这四大核心领域。同时经过考虑和分析，把人力资源、沟通和采购融入团队这个衡量维度中，原因是团队既可以包含内部团队、又可以包含和采购相关的供应商团队，融合了所有的利益相关方，且和利益相关方的沟通又属于沟通领域。这样就可以把三个维度简化合并成一个维度。

前文中已经提到，对于选取的五大维度都需要进行风险分析，因此不必单独列出风险维度。对于整个项目汇报的设计需要综合考虑全局，融合所有管理领域，考虑相关性，这就已经是项目的整体管理，因此不必单独列出整体维度。

经过上述的思考过程，最后设计的项目管理雷达图就由范围、时间、成本、质量、团队这五个维度组成。这五个方面的健康程度也代表了整个项目的健康程度。

接下来的问题是如何对这五个维度进行打分。首先是分值的问题，3分制的"好、中、差"评价体系太粗糙，差异化不够。比如，大家在对某件事情进行评估时，经常会觉得某件事情还达不到最好，但又比中等好一些。在这种情况下，无论是"好"还是"中"都不能反映自身的实际感受。如果用10分制的评价体系又太细，所以折中选用5分制的评价体系是比较合理和符合人性的（见表5-8）。

表5-8 项目评估分值

评分	描述
1	非常差
2	比较差
3	中等
4	比较好
5	非常好

有了分值规则后，我们还需要了解具体的评分规则。这样所有的利益相关方才能对维度的评分达成共识，否则很有可能出现你眼中的非常好在经理眼中可能只能评为中等的情况。

建议项目组可以结合不同的项目管理要求制定一些评估参考问题和适当的衡量标准。下面我们将通过一些示例评估问题和衡量标准，来说明各维度评估中的一些重点。

范围

- 项目需求是否经过全面的评估
- 需求范围是否有文档清晰描述
- 是否对项目需求有进一步的详细拆分
- 是否有明确变更管理流程，项目的变更风险如何

成本

- 项目估算是否准确，是否有考虑风险因素的备用金
- 预算是否有效拆分，做到专款专用和跟踪

- 项目成本的使用状况（Cost Performance Index，CPI）如何

对于CPI我们可以设定如下类似的指标方便指导评估（见表5-9）：

表5-9 项目成本评估标准

评分	描述	成本
1	非常差	CPI<0.65
2	比较差	0.65≤CPI<0.75
3	中等	0.75≤CPI<0.85
4	比较好	0.85≤CPI≤1.05
5	非常好	CPI>1.05

时间

- 是否有清晰合理的项目计划
- 关键路径是否清晰
- 项目的进度进展状况（Schedule Performance Index，SPI）如何

对于SPI我们可以设定如下类似的指标方便指导评估（见表5-10）：

表5-10 项目时间进度评估标准

评分	描述	时间进度
1	非常差	SPI<0.65
2	比较差	0.65≤SPI<0.75
3	中等	0.75≤SPI<0.85
4	比较好	0.85≤SPI≤1.05
5	非常好	SPI>1.05

质量

- 是否有明确的质量标准
- 是否有质量检查的流程

- 基于质量标准的错误率，我们可以设定类似表 5-11 的质量指标方便指导评估

表 5-11 项目质量评估标准

评分	描述	质量
1	非常差	错误率 >98%
2	比较差	96% ≤ 错误率 ≤ 98%
3	中等	94% ≤ 错误率 < 96%
4	比较好	92% ≤ 错误率 < 94%
5	非常好	错误率 < 92%

团队

- 项目各方对项目是否支持
- 在团队内部与利益相关方及供应商的沟通是否顺畅
- 团队人员责任是否明确，技能与经验是否足够
- 团队的士气如何，团队间是否有冲突

要提醒大家的是所有的评估问题仅用于参考，数字指标也不是绝对的。由于项目的复杂性，评估维度和数字指标也要结合实际情况来制定。制定出标准的合理性也总是有可以持续探讨的空间。影响某一维度的因素也不是单一的，比如，质量维度不仅要看错误率，还有可能有其他的质量标准。

制定评估的问题和数字指标的最大作用是在项目团队内部对于标准达成共识，同时也要依据实际情况对标准做出必要的调整。因此，项目各维度的评分一定是主观与客观相结合的。项目管理是一门艺术，需要有一定的主观性，如果针对每个维度都制定出复杂的客观标准，项目经理和团队反而会受限，有可能无法反映真实情况。例如，对于团队的健康状态，这是所有维度中最难用客观数据指标来说明的，这时主观评判会起到非常重

要的作用。

项目报告的关键点在于，不仅要标识各维度的分值，同时一定要描述分值背后的故事，在描述中说明给出此分值的理由。如果分数高，要注明具体做得不错的地方，用于认可团队的贡献。如果分数低，要注明具体的风险和问题，用于与相关领导达成共识并寻求必要的支持。当然，有数据就尽量通过数据来说明问题。例如，像CPI、SPI、错误率等数据其实本身已经说明了项目团队在日常工作中就在充分实施管理计划，才能在项目执行过程中能够得出相应的数字。有通过数据来管理项目这件事情本身就已经能说明这样的项目管理是基本健康的。

在报告的最下方，我们可以看到通过注明自上次汇报以来已经完成的主要工作和下一步要开展的工作，可以让阅读者了解当前整体项目报告及分析相关的大致背景和行动，方便理解项目现状并提出意见和建议。

我们还可以通过红、黄、绿灯评价体系来汇报项目当前的状况，将五项维度评分的总分利用类似如下的对照表来进行转换（见表5-12）。例如，对于示例项目汇报，由于总分是18，转换成亮灯状态就是项目亮黄灯。

表5-12 项目健康状态评估标准

总分	项目健康状态
≥20	绿灯
≥12 并且 <20	黄灯
<12	红灯

希望大家将来在管理项目时都能综合运用项目管理知识，充分计划，积极跟踪和评估项目的健康状况并有效地进行项目汇报。项目管理只要做好日常工作和准备，关键时刻自然能够水到渠成。

第 6 章

运营：
持续改进流程管理

6.1 HR运营的流程设计

6.1.1 流程是运营的基础

当我们通过项目管理完成一个HR数字化项目，在项目正式上线后，就会进入HR的日常运营阶段。所谓HR运营，就是指HR在日常工作中通过人工和数字化系统，将HR的一系列流程有机地结合在一起为业务和员工服务的过程。

从这个定义我们可以看出，运营的基础是流程。而流程就是为了达成有价值的目标，将一系列活动按照一定关系进行的组合。我们在前文中使用的年假申请流程就是一个示例，年假申请流程的价值目标和活动组合如下：

价值目标：按照公司政策完成年假申请并记录。

活动组合：员工申请、经理审批、系统处理。

HR运营中最重要的就是流程管理，在当今数字化时代，流程在企业运营中的主要作用如下：

- **通过流程规范公司主要的运营工作**：现如今虽然环境、需求都在不断发生变化，但是在公司运营中大多数的工作只有形成一定的重复性，才会变得可持续、可控制、可衡量。而重复性的工作可以通过流程来规范。如果公司只是盲目讲求灵活性，那么只要公司的业务稍微复杂一些，就容易导致混乱。敏捷性做得好的公司也都是有明确业务流程的。

- **流程可视化比规章制度更具实操性**：通常公司中会制定多种规章制度，但是这些规章制度的文字要转换成日常的工作操作是比较困难的。员工在看了规章制度后比较难直接想象出平时具体工作是如何进行的，但是如果通过流程图来说明就一目了然了。

- **流程是团队协作的指导**：各种工作都需要通过人来驱动，不同角色在工作中有着不同的作用。通过清晰的流程规划可以明确不同部门或者团队内部人员的职责及配合。目前很多公司对于流程的诟病只是因为公司没有建立很好的流程持续改进机制，导致随着时间推移，流程无法适应新的需求而变得复杂和僵化。如果公司有敏捷的持续改进机制，流程就能发挥最大的作用。

- **流程是数字化转型的基础**：只有确定了业务流程，我们才有可能利用数字化科技手段把线下流程转换成系统的线上流程，进一步提升工作效率。现在比较流行的 RPA（机器人流程自动化）的前提也是要先有固定的流程和规则才行。

- **流程是敏捷的基石**：如果企业的现状是没有固定流程，处于混乱状态的，那每个人心中都会有对现状不同的认识。没有了参照，我们就很难去定位到底现在的问题出在哪里，有哪些改进点。没有流程，我们做出改进之后也无法通过流程来固化改进成果，很难在公司运营中创造价值。因此想要在企业中让工作变得更敏捷，我们首先要通过一些快速的流程梳理把现状搞清楚。

6.1.2　HR 流程规划和设计

在企业中，HR 在与内部或者外部团队配合时需要按照流程所指定的步骤和标准来进行，这就是工作流程化。但是有不少公司 HR 的工作有时会通过口口相传的方式来进行，而没有用文档记录流程、职责以及步骤规则等，口头信息传递经常会由于沟通不到位或者沟通误解导致出现错误和遗漏。

因此，我们首先需要通过文档化，也就是我们通常所称的 SOP（Standard Operation Procedure，标准操作程序）把各主要工作流程步骤和负责每个步骤的角色清楚地记录下来。例如招聘、入职、离职、转岗、晋升、调薪、试用期管理、劳动合同续签等都是需要通过 SOP 来规范操作及配合的流程。在一些入、离职等流程上我们也经常会需要和公司其他部门进行跨部门合作，比如 IT 部门、财务部门等。其他部门的流程对 HR 的重要流程也有着至关重要的影响，这就需要 HR 在这些流程上与其他部门的流程有接口并且获得其他部门的认同。特别是在流程有相互依赖时，对于时间上的前后配合顺序及用于交接的文档规范都需要有清晰的描述。通过流程文档化我们才能让所有相关人员都清楚流程的全貌，否则即使出了问题员工也无从知道问题究竟出在哪里。有些工作没有形成流程化和文档化本身就是最主要的问题之一。

接下来我们一起来分析如何梳理 HR 的流程并将所有的流程文档化，因为只有依据流程文档我们才会有变化的基础。自上而下分解是流程规划的重要步骤之一，在 HR 部门中可能会有不同的职能团队，因此我们可以将传统 HR 模块划分为人力资源规划管理、招聘管理、人才发展管理、薪酬管理、福利管理、劳动关系管理等，HR 三支柱架构和数字化转型也会产生一些其他类型的团队，例如系统数据团队等。

同时我们也可以结合 HR 一线工作人员的日常经验来自下而上地梳理一些基础流程，通过自上而下分解和自下而上分析的结合，我们就能将流程进行全盘规划并分解成不同层次的流程。表 6-1 就是一个典型的流程分解示例。

表6-1 HR流程分解

1. 人力资源						
1.1 人力规划	1.2 招聘选才	1.3 绩效管理	1.4 培训发展	1.5 员工关系	1.6 薪资福利	1.7 系统数据
1.1.1 定岗定编 1.1.2 预算制定	1.2.1 招聘计划 1.2.2 筛选候选人 1.2.3 面试 1.2.4 录用 1.2.5 校园招聘	1.3.1 政策评审 1.3.2 绩效评估 1.3.3 敬业度调查	1.4.1 培训计划 1.4.2 培训报名 1.4.3 培训实施	1.5.1 入职 1.5.2 转岗 1.5.3 离职 1.5.4 合同续签 1.5.5 休假	1.6.1 薪资发放 1.6.1.1 数据收集 1.6.1.2 薪资计算 1.6.1.3 薪资支付 1.6.2 个税申报 1.6.3 社保缴纳 1.6.4 年度调薪 1.6.5 股票支付	1.7.1 流程评审 1.7.2 数据更新 1.7.3 数据分析

6.1.3 流程图的绘制

通过分层的方式把流程分解之后，我们就容易进一步通过流程图的方式使流程可视化。流程图的优点是可视化、过程导向、职责明确、逻辑清晰、便于分析。不用任何的介绍，员工对流程图的内容也能一目了然。接下来我们以图6-1为例，来介绍一些基本的流程图绘制规则。

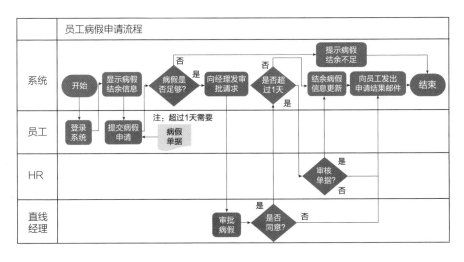

图6-1 员工病假申请流程

流程设计的关键要素是用户、输入、活动、输出、价值。首先我们看到流程图被线划分成不同的行，很像游泳池的泳道，因此这样的图通常也被称为泳道图。泳道的左边代表流程中的用户，例如员工、HR、直线经理等。每一条泳道代表的是不同的参与流程的用户角色。由于在数字化时代，很多步骤已经可以被数字化系统所取代，因此我们也可以把数字化系统作为流程中的用户角色之一放到其中一条泳道，这样就可以把人机之间的交互过程用流程图表示出来。

在这张流程图中我们用到了如下的流程常用符号（见图6-2）：

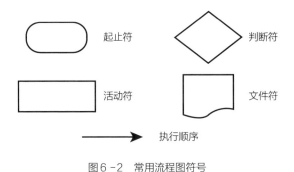

图6-2 常用流程图符号

在流程设计中我们需要掌握如下的一些基本原则：

- **有始有终**：任何一个流程都要有明确的开始和结束，从某一个活动步骤开始，经历不同先后顺序的步骤，到某一个步骤结束。我们可以看到在示例流程图中流程的开始和结束都有用起止符号来表示。

- **有动有静**："动"代表的是活动，在流程图中用矩形框来表示，一般流程符中间的描述都带有动词，也正是因为这些动作让流程得以按序进行，这和生产流水线是一样的道理。"静"是指我们在流程中有时也会需要一些静态输入和输出的相关资料。例如，在示例流程中的病假单据就是静态的文件，在流程图中用文件符来表示。

- **有进有出**：流程就是要把一系列的活动串联起来，因此一个活动的输出一定是另外一个活动的输入。我们可以看到在示例流程图中的每一个活动框都会有进入箭头和输出箭头，如果我们在画流程图的时候发现有个活动有进没有出，或者有出没有进，那就代表这个流程设计有问题。

- **有左有右**：我们可以用左右来代表在流程运行中需要做出的选择，在流程图中用菱形框来表示。例如，在示例中我们要依据员工申请病假的天数来决定 HR 是否要审核员工的病假单，通过选择框的判断来决定下一步骤。

对于普通的 HR 来说，掌握以上这些基础的流程图绘制原则，再加以练习和实践，就足以绘制出相对专业的 HR 流程图。在进行 HR 数字化转型时，流程图是很好的基础资料用来分析整个流程执行的现状。HR 还可以思考是否可以将流程图中重复执行的部分用机器人流程自动化技术来替代，提升工作效率。

6.1.4 流程效果衡量

流程还有一个关键的要素，那就是价值，指的是流程为我们带来了什么，对流程效果的衡量。对 HR 流程工作的量化管理我们可以从以下几个维度来衡量流程的效果及价值。

时间：时间就是效率，工作是否高效可以从两个方面来定义，首先是单位时间处理事务的数量，在同样难度及质量要求的前提之下，处理速度当然是越快越好。其次是整个流程经历的时间，比如，员工在入职、转岗、离职等不同流程上所经历的时间。流程拖延的时间越长，员工的体验就会越差。

质量：质量是有成本的，HR 在工作中经常会计算一些对员工薪资、福利、其他利益相关的数据。每一个数据的错误可能都会有潜在的法律风险，因此对于质量也应该要有量化的要求，通常我们可以用准确率来衡量。

员工满意度：HR 的工作是与人打交道的工作，有些事情即使做得又快又好，但如果流程设计复杂或者在沟通处理时不恰当很有可能会降低员工的体验。因此我们也要用简单有效持续的方式了解员工的感受。

6.1.5 流程的陷阱

虽然有了流程设计，但是 HR 在日常工作中往往要注意，流程也有陷阱，特别是在当前一切都在迅速变化的时代，我们更要对如下这些流程陷阱有所了解才能避免出现问题：

- **灰色地带有推诿**：无论流程再怎么细致，都不可能穷尽在工作中遇到的所有情形，再加上政策和业务需求会随时变化，因此在流程中我们一定会遇到没有明确的灰色地带。如果我们在团队中过度强调流程职责分工，就会导致在灰色地带产生大家相互推诿的情况。因此，我们在制定流程的时候就要告知大家灰色地带是永远都会存在的，要鼓励团队在发现灰色地带时，都能主动往前走一步，只有团队成员都有了主动承担的精神，才能让我们在日常运营中遇到问题时得以共同商量，顺畅解决。

- **后期变化无维护**：如果流程文档没有很好的定期审查维护机制，那么在日常工作中对于一些必要的调整团队在讨论之后会通过邮件或口头沟通后就开始执行，忽略了对于原有流程文档的维护。随着时间的推移，流程文档和实际操作的差距就会越来越大，导致文档失去指导意义。为了解决这个问题，建议企业在 HR 团队设立流程委员会，定期对流程文档进行审核及修订，在现有流程发生改变时也需要及时通知流程委员会对流程文档进行更改，确保流程文档保持最新。

- **流程僵化效率低**：当周围环境变化比较快时，我们会发现传统的固化流程越多，办事的灵活性就会越低。让很多本来简单的事情变得复杂。因为任何一个步骤的改变都会牵涉其他步骤或其他人，大家会因为沟通成本高而不愿改变、维持现状，导致流程效率低下。为了防止这一问题出现，我们就要在日常工作中设计出持续改进的机制。如果能让持续改进成为常态，大家对于流程的应对就不会那么僵化，而是会更多地主动思考当前流程是否能适应最新的变化，如何能持续改进，让流程变得更高效。

6.2 闭环管理推动 HR 运营持续改进

我们从 HR 流程的陷阱中可以看出持续改进流程的重要性，为了让改进能真正持续发生，我们需要将 HR 运营进行闭环管理，闭环管理的出发点就是前文中提到的流程文档化，有了文档我们就有了改进的基础。接下来我们来分析如何进一步通过量化跟踪、找到原因和积极行动来完成这个闭环（见图 6-3）。

图 6-3　HR 运营持续改进的闭环管理

6.2.1　运营跟踪数据说话

公司在有流程规划的基础上，在日常 HR 运营中可能会有如下的一些问题：如何证明大家是按照流程操作的呢？流程的设计是否顺畅有效？流程的产出质量如何呢？员工是否满意 HR 设计的流程呢？

没有数据来证明一切都是空谈，所以 HR 的工作成果量化是持续改进的必要基础。我们需要收集数据,把数据融入易懂的形式中,让数据讲故事,并且把故事讲给别人听。在流程实施的跟踪过程中我们就可以通过时间、质量、员工满意度这三个量化管理维度,来进行相关数据的收集。建议 HR 借助相关系统和工具来实现自动化,纯手工维护记录的方法第一是不能保证数据更新的实时性,第二是会产生不必要的工作量浪费。

HR 的数字化转型也让自动收集流程数据成为可能,如果在 HR 系统中对于各流程的设计都能记录下关键时间节点,在数据质量核查中能利用自动化工具来自动统计,在流程中嵌入人性化的员工满意度的调查,那么这些方式就能极大提高量化管理中数据收集的效率,通过日常工作自然积累了相应的数据作为分析基础。

6.2.2 找到原因落实责任

基于流程时间、质量和员工满意度的结果,我们就可以通过分析重要度、影响度、法律风险等维度找出急需持续改进的点并按照优先度排序,对于优先度高的点先进行根本原因分析。流程的运作是所有人相互配合的结果,因此我们通常需要通过流程设计和数据结果分析来定位问题到底出在哪里。但经过仔细地追踪后我们通常会发现不同环节都可以有持续改进的点。

例如,有些公司是经理通过自助服务在系统中创建岗位的。当我们发现岗位信息错误的时候,通过分析我们的第一感受会觉得这些是经理的问题我们无法控制,但其实通过数据错误率我们可以发现在哪几个数据项上经理会经常发生错误,那么说明这些字段的含义对于经理来说比较晦涩难懂。我们也会发现虽然出错的经理各不相同,但是这些经理分布的区域大致相同,比如,在某个区域的经理错误率相对偏高,那么说明有可能这个区域的经理培训做得不够全面。对于最终的错误率由于流程中是需要经过 HR 审批的,也可以反应出负责某个区域的 HR 同事在审批时质量意识相对较弱，在审批时没有仔细检查经理的所有输入。

通过这个例子大家可以看出，通过最终的数据分析，我们可以找到不同的原因从而采取改进 HR 系统的帮助提示、加强某区域经理的培训教育、提升某区域 HR 负责团队的质量意识等不同的应对措施，同时把这些措施落实到不同的责任人并持续跟踪。

6.2.3 积极行动从 KPI 到 OKR

经过上一步骤的原因分析，我们在将量化结果落实到责任人之后，就可以采取积极的行动来推动改进。为了推动积极行动，我们往往需要给责任人设定改进的目标，传统的做法是给出一个 KPI 指标然后列入责任人的绩效目标及考核中。比如，在数据的准确率上达到 99% 这样的 KPI 指标。

那么问题就来了，这个 KPI 本身的合理性如何衡量。虽然我们可以借鉴六西格玛的方法论来制定一个很高的目标，但通常 HR 的团队资源有限，在有限资源的前提下制定过高的目标对于责任人来说，如果一旦把 KPI 和 HR 的绩效挂钩，很容易就陷入 KPI 设置合理性的争论上。管理者会尽量提高 KPI 指标而责任人也会偏向用各种理由来降低 KPI 指标，从而导致不可调和的矛盾。此外，有时如果制定了一个相对容易达成的 KPI 目标，责任人在达成目标之后也可能会因为已经完成了绩效考核的目标而导致持续改进行动的停止。

基于以上问题，我们可以借鉴 OKR（目标与成果关键法）中一个比较关键的理念，让责任人自己分析现状与资源后自己设定目标，但是这个目标的达成不与责任人的绩效评估挂钩。这样我们就可以要求这个设定的目标需要是一个足够高的、有挑战的目标，甚至是一个很难达成的目标，以此作为一个努力的方向。由于该目标和绩效考核无关，这样可以有效激励责任人放手大胆地去尝试。对于责任人一年工作的绩效我们可以换一个角度，通过过程管理去了解责任人为了达成目标做了哪些积极的尝试，以及取得了哪些改进。这种结合实际情况的反馈和评估对团队的持续提升更有帮助。

KPI 与 OKR 的异同点见表 6-2：

表 6-2　KPI 与 OKR 的异同点

	KPI（Key Performance Index）	OKR（Objectives and Key Results）
共同点	都需要量化	
驱动力	自上而下分解目标	个人制定、动态修正
如何产生	要我做	我要做
绩效考核	结果作为绩效考核指标	结果不作为绩效考核指标，以考核过程为主
设置方向	合理的指标 但其实 KPI 永远都是"不合理"的	尽量高的目标

有了明确的为之努力的改进目标，我们就可以有针对性地对于高优先度的问题基于根本原因分析进行多方改进，并把这些改进的结果落实到文档化流程中去指导实施，通过运营跟踪来持续了解改进的效果从而达到闭环管理和螺旋式上升的目的。

6.3　运营管理的进化方向

6.3.1　HR 运营流程标准化

在 HR 流程中最常出现的问题是错误和延迟。无论我们如何控制，只要是有人经手，就不可避免地存在失误的可能。无论是基础的操作人员还是高级管理人员，都有可能发生输入错误和延迟批准等情况。

通常在 HR 运营流程中，和每月薪资处理有关的可标准化流程有入职、转岗、调薪、休假、晋升、离职等。在 2019 年个税改革之前 HR 不得不考虑由于公司失误而导致员工月收入变化带来的在本月或者次月收入跳税档的问题。如果不是员工的问题，通常 HR 都会努力通过一些手工调整来确保员工的利益。但正是因为这样的调整，给 HR 的日常运营造成了很大的不便，每次在薪资计算截止日之后都会有各种类型的手工调整需求。之前由于个税原因对员工利益的影响，HR 也很难严格禁止这些手工调整，长此以往形成负向循环，让薪资团队的工作量增大。

随着国家个税政策的改变，累计计税、工资补贴等出现补发、晚发不再会对员工利益有影响，员工全年的个税金额只和全年的总收入有关，HR 就可以在薪资计算截止日之后严格限制手工修改。在当月由于各种原因无法计入本月薪资发放的金额变动，只要在下月处理即可。这样的做法就不太会造成员工体验的负面影响，也为企业提供了进一步实施标准化流程的机会，减少不必要的特例处理。

6.3.2 基于标准化推动自动化

以 HR 流程处理标准化为基础，我们可以进一步推动 HR 服务自动化。在 HR 流程中，特例处理越少，自动化处理就会越有大优势。市场上流行的 RPA（机器人流程自动化）技术，其实就是模拟人类，依据既定流程和规则来重复操作电脑，完成不同的任务。因此，RPA 实施的基本条件就是现有工作规则明确、步骤重复、无须过多例外处理。

我们以薪资相关的事务为例来看看如何利用信息技术和 RPA 进一步推进 HR 相关流程的自动化。

1. 数据核查

薪资处理是所有流程中保证员工薪资正确的最后一道关卡，因此数据的准确性对于薪资处理特别重要。已经有企业在实际工作中应用 RPA 并取得了较好的反馈，因此推荐企业要实施 RPA 可以先从数据核查开始。利用 RPA 对数据质量依据相应的规则进行核查，生成相关错误分析报表，触发数据更正，特别是流程的持续改进，然后通过持续的数据核查结果来跟踪流程改进的有效性并进行必要的调整。

如果用人工来核查数据的质量，那么 HR 每月只能核查有限数量的字段，但采用自动化技术由于机器可以 24 小时无休，因此可以更频繁地核查更多的字段。如有必要，系统还可以自动发送邮件将错误信息通知到相应的 HR 或者员工触发进一步修改的动作。

如果 HR 能做到这样的自动数据核查和闭环管理，就能提前为每月的薪资处理打好坚实的基础，避免薪资团队每月一到发工资期间就需要频繁加班应对数据问题的情况。

2. 自动收集导入薪资数据

通常企业每月的薪资数据来源于不同的部门和团队，除了少数系统和薪资系统间有固定的自动接口以外，其他的类似休假、考勤、奖金等数据也都需要人工收集并导入系统。对于这些薪资数据的收集，我们完全可以利用 RPA 来模拟手工操作，从指定的邮箱或者共享文件夹获取文件，并自动导入、上传到薪资系统。减少人工干预的自动薪资计算会让这一过程更加高效。

同时我们可以利用 RPA 技术模拟人工操作，自动从报税系统中下载员工个税附加扣除的数据，并通过处理比较后导入薪资系统，对于个税的申报也是可以同样进行人工模拟处理。

3. 收入证明和离职补偿计算自动化

在日常 HR 流程中和薪资有关的需求还有两大块，一是收入证明，二是离职补偿计算。主要原因是，一般来说只有薪资系统中能够整合过去 12 个月的所有收入来计算年平均收入。现在有很多公司在这方面还是需要 HR 人员导出数据后进行计算。通过信息化和自动化技术可以将这两块的内容变成相应的自助服务分别开放给员工和 HRBP（人力资源业务合作

第 6 章
运营：持续改进流程管理

伙伴）。

当然，HR 部门可以通过自动化进行持续改进的地方还有很多，HR 在日常工作中要善于思考和发掘需求，将需求和技术相结合就会有更多的可能。

6.4 共享运营服务中心无边界

6.4.1 挑战和质疑

现在很多中大型企业中，为了更好地进行运营工作，已经建立了不同类型的共享运营服务中心，例如，人力资源、财务、采购、IT 等共享运营服务中心。然而各类共享运营服务中心的员工们在工作中还是会存在一些挑战和困惑，常见的几点如下：

挑战 1：共享运营服务中心不受重视

共享运营服务中心通常会被认为有相对固定的日常工作流程，工作难度相对简单，因此在企业中无论是资源分配还是人才分配，受重视程度都不够。

质疑 1：其他工作的价值更高吗

大家是否知道，对于企业并购或者变革项目，真正从长期业务结果衡量来看，成功率只有 30% 左右，还有 30% 的案例最终是失败的，剩下的 40% 是那些不温不火，谈不上成功也谈不上失败的项目。从这个整体统计比例看来，战略性工作最后产生的价值其实也并不怎么高。无论是由高层的人来决策，还是请了多么好的咨询公司花了多少预算来开展，最终都会有 30% 的情况下产生的价值是负数。而共享运营服务中心固定标准化流程的产出成功率则是极其高的，不会有负数情况的产生。我们用数据证明了，不同部门之间工作的重要程度至少应该都是相同的，缺了谁都不行。

当然还有人会反驳说，正因为并购或变革项目的失败率高，所以工作难度高，因此更需要重视投资和高级人才。那进一步的问题就是：既然已经有多年的历史数据证明了再多的投资，成功率也没有太大变化，那再继续投资是不是就已经到达边际效应了呢？相信经历过并购和变革的朋友们可能会有同感。

挑战2：工作被机器人和技术所取代

随着科技的进步，现在有很多类似RPA、人工智能等技术取代了共享运营服务中心人员之前的工作。有些共享运营服务中心在开展技术项目时会制定减员目标，因此员工会担心工作被机器人和技术取代后导致失业。

质疑2：科技是失业的罪魁祸首吗

任何一个时代都有能顺应潮流的人和被时代淘汰的人。因此，科技进步导致失业是一个伪命题，无论在哪个行业做什么事，如果只守着自己的一亩三分田，不与时俱进，温水煮青蛙，故步自封，有朝一日就会被时代所淘汰。

共享运营服务中心工作内容的固定只是相对的，科技进步会让共享运营服务中心有更多变化的可能，进而为大家创造更多能力提升和职业发展的机会。其实限制住我们自己的，往往是我们自己的思维。如果我们能用成长性思维，就会更多去考虑当科技帮助我们处理重复的工作，解放我们的工作时间后，我们如何能利用被解放的双手和大脑来进一步学习和提升自己，在新科技环境下创造出更多的价值。

挑战3：共享中心向低成本国家移动

目前在一些大型跨国企业，有不少共享运营服务中心已经或正在向马来西亚、菲律宾、印度等人力成本更低的国家进行转移。因此大家担心共享运营服务中心人员将来的职业发展会受到威胁。

质疑3：我们有必要担心此趋势吗

事物发展的规律是不可改变的，商业社会自然有其趋利性，从成本角度来看，价低者当然具有天然优势。早年我国制造业的发展不也正是因为我国劳动力的低成本和发达国家相比差距巨大，从而吸引外资在我国投资吗？看清楚本质后就能理解，当时外资企业家们愿意在中国投资逐利，现在当然也会看上劳动力成本更低的其他国家。

用其他国家的共享运营服务中心来支持我国这样迅速发展和变化的业务，是一定会牺牲效率和满意度的。企业家做出这个选择也让我们看清楚了，有时外企在市场环境和成本的压力下，追逐低成本的现实之举。

因此我们不必担心。这种趋势首先说明我国现在经济发展良好，劳动力价值在逐步提升，这是好事情。其次，过度担心没有任何作用，我们唯有思考如何看清趋势，提升自己的竞争力，技多不压身，才能让自己有更多的选择。此外，不同外企对共享运营服务中心的策略也都不尽相同，也有非常重视和坚定在我国发展共享运营服务中心的企业。

6.4.2 机遇与发展

基于以上论述，我们更应该学会通过成长型思维来发现更多机遇，从正向角度来看待问题。在当前形势下，我们也可以看到共享运营服务中心面临的机遇和发展的优势如下：

1. 效率提升中心：服务只有能被重用，才有可能增效增值。科技含量再高、再酷炫的概念车，也只有最终成为量产车才能够真正被大众共享从而产生最大的价值。因此，共享运营服务中心的服务重用特性，能持续为企业提升效率。现在中台的概念也是把很多可重复使用的服务进行进一步提炼。

2. 自动化试验室：科技的进步使得我们有机会将工作自动化，共享运营服务中心内部日常重复的工作是首选的自动化对象。因此，我们可以考虑不断对共享运营服务中心梳理出的标准化流程进行自动化尝试，优先自动化重复度高、耗时长的流程，这样可以相应获得较高的投资回报率，释放更多当前的工作量。

3. 复杂业务标准化：共享运营服务中心的特点就是有经验和能力将公司日常运作中纷繁复杂的需求，通过流程、工具、方法，标准化成为日程运营中可重复的工作，从而提升服务效率。从广义上来说，大多数的工作其实都可以逐步被标准化，即使是每天看似不同的工作，其背后也是在公司和团队相同的思维框架下产生的。因此，今后的人工智能可以让标准化变得有更多的想象空间。利用自动化解放出来的人才，我们就可以不断尝试研究将共享中心外部的工作通过标准化，转入共享运营服务中心进行运营。这样对于共享中心外部的团队，也可以进一步解放工作量，把时间用在更体现创造力的工作上。如此循环，便可将共享运营服务中心的边界不断向外部扩展。

4. 大数据仓库：大数据能带来的价值已经毋庸置疑，共享运营服务中心天然就能通过每日的流程产生很多数据积累。如果共享运营服务中心能够进一步提升大数据分析能力，对这些数据进行再加工，便可极大赋能业务。我们可以看到有些企业的服务共享中心专门设立了大数据分析的岗位，可以更好地对积累的数据进行分析并提出更多有实际意义的建议。如果企业能进一步打通人力资源、财务、采购、IT等各共享运营服务中心的数据，就能在大数据分析和利用上有更多的可能。

5. 用户和员工体验的门户：用户体验和员工体验现在是热门词汇。最接近客户和员工的，往往就是共享运营服务中心的一线员工。一线员工能给用户和员工带来最直接的一线体验。因此，如果企业希望用户体验和员工体验不仅仅是体现在企业价值观的文字里，而真正被落实到实处，就必须聆听共享运营服务中心一线的声音和反馈，然后通过分析，进行持续改进提升体验。

6.4.3 运营无边界

基于以上分析，建议作为共享运营服务中心的管理者，能在共享运营服务中心内部通过各种方式来提升团队应对变化的能力。流水不腐，户枢不蠹，如果管理者能建立各种轮岗机制盘活人才，就更容易打造能力全面的精兵强将。利用共享运营服务中心技术变革带来的红利，勇于尝试分配一定的人才和资源用于拓展新服务，持续提升共享运营服务中心的价值而不是墨守成规。

各家公司的领导层也应该更加重视共享运营服务中心，重新审视当前公司内部共享运营服务中心的现状，看清楚方向，并注重在共享运营服务中心资金和人才方面的持续投入。领导的重视是共享运营服务中心发展非常重要的动力来源之一。

共享经济的到来，让万物皆有可能被共享。因此，共享运营服务中心的边界取决于我们的心态和思维方式。固定思维产生固定边界，成长型思维则会让共享运营服务中心像宇宙那样边界无限。思路决定出路，格局决定高度。在地平线之后，还有更广阔的大海等待我们去探索。

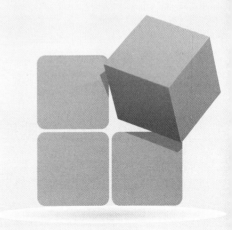

第 7 章

敏捷：
及时应变快速迭代

7.1 什么是敏捷 HR

7.1.1 HR 为什么要敏捷

敏捷的概念最早来源于软件行业,在软件行业提出敏捷是源于软件开发的特性。软件开发并不像建筑工程项目那样在设计定稿后,从工程实施到完成交付,相对稳定可控。软件行业的特点是变化快。技术迅猛发展、用户业务场景不断变化都会导致人们对软件的需求不断变化,传统瀑布式项目管理的弊病在软件行业被明显地暴露出来。

软件开发传统的做法是按部就班地进行整体设计、整体开发、整体测试、统一上线。在客户业务复杂的情况下,项目会比较庞大臃肿,时间周期长,成本高且结果不可预测。特别是在开发后期或者测试过程中如遇到用户需求变化或发现之前没有预料到的特殊情况,会导致很多返工,甚至会导致项目失败。

正因为这些痛点,催生了敏捷方法论,其目的是为了能在变化的环境中更有效灵活地完成软件的开发和交付。

看到这里,HR 可能不禁要问,我们又不是 IT 人士,为什么要讨论这些呢?其实 HR 也是非常需要敏捷的,原因主要有以下三点:

- **HR 数字化转型趋势离不开 IT 项目**

现在企业各部门基本都离不开 IT 软件,HR 部门也是一样,各种 HR 模块现在都有相应的软件产品。但 HR 在与内外部技术团队合作系统项目时,由于不是软件专家,在软件需求功能相关的沟通中往往处于劣势,有的项目会由于到最后才发现关键需求没有满足而导致项目的中止。

因此，HR 也应该了解最新的敏捷软件开发方法，这样才能够更好地与技术团队高效合作，减少项目失败的风险。

- **HR 在 VUCA 时代经常需要应对变化**

现在和企业相关的国家政策、行业环境变化都非常之快，因此 HR 在日常工作中也需要更加快速敏捷地应对。传统固定的公司流程会造成的问题是大家都各自固守自己的工作范围，一旦稍有变化，就会制造出很多灰色地带。

在大公司里大家经常会听到这样的回复，"这件事情以前就是这么做的""这个事情应该是其他部门负责"等。遇到一件新的事没人会认为应该是自己负责。如何让团队和个人都能遇事快速响应，打破边界，主动往前走出一步，这也是敏捷合作可以解决的问题。

- **HR 是与人有关的工作，而人本身就是多变的**

我们在员工体验思维中谈到员工体验来源于比较，随着每一位员工由于社会进步而在企业外部不断提升的体验，员工在企业中对体验的需求也是不断变化的。

例如，现在年轻一代的员工，作为互联网原住民，在适应了互联网的快节奏和各种网络应用的即时反馈奖励机制后，企业中传统的一年一次的绩效评估和奖金发放对于他们可能就起不到太大的激励作用，员工需要更多的是随时反馈和即时激励。在人的需求多变的环境下，公司的 HR 就需要考虑如何来应对员工需求的变化趋势，以及各种工作和需求周期的不断缩短，也对 HR 的敏捷应对提出了更高的要求。

7.1.2　HR 的敏捷宣言

了解了 HR 对于敏捷的需求，我们再来看看如何才能做到敏捷。为了推广新的理念和方法论，愿景和指导方针特别重要。在 2001 年 17 位著名的软件开发专家举行了一次敏捷方法发起者和实践者的聚会。在这次会议上，他们正式提出了 Agile（敏捷开发）这个概念，并共同签署了如下的《敏捷宣言》。

> 个体的互动高于流程和工具
> 工作的软件高于详尽的文档
> 客户合作高于合同谈判
> 响应变化高于遵循计划

虽然这个敏捷宣言对于 IT 软件敏捷开发来说很具有代表意义，但是由于其中的一些描述过于逻辑化，和 HR 的日常工作的联系并不是很紧密，因此也比较难在 HR 中推广。为了与 HR 分享敏捷的理念，我结合 HR 工作中的实践，将 IT 敏捷宣言按照中心思想不变的原则，转化成如下 HR 敏捷宣言。

> 改变思维，互动沟通
> 结果导向，减少浪费
> 合作共赢，携手共创
> 拥抱变化，持续迭代

- **改变思维，互动沟通**：做到敏捷的关键是要改变思维方式，真正去思考怎样的工作方式才能让我们的工作更高效。流程和工具固然重要，但是这些都比不上思维方式的改变所带来的动能。我们需要通过日常深入的沟通来加强彼此了解和对于各自需求的把握和理解，减少误解。在沟通中也要勇于直言不讳，相互提出挑战性的问题，探讨是否有创新思路，是否有把事情做得更好的可能性。

- **结果导向，减少浪费**：在 HR 的工作中，如果能利用技术来完成的就尽量利用技术，而不是依赖于帮助文档的说明，因为员工基本不太会有去查询帮助文档的习惯。结果导向就是我们要用实际看得见摸得着的结果来衡量工作的成效。我们需要思考的首先是如何能尽快看到结果，然后才是文档的记录，多看功劳少看苦劳。但这不是说文档不重要，在制作文档的时候我们要思考如何能让文档尽量简洁明了，否则日后一旦有变化，就会需要花更多时间来维护文档。

- **合作共赢，携手共创**：现代社会是合作的时代，无论是公司外部还是内部都要考虑如何合作共赢。对于公司与外部的合作，如果寄希望于在合同中把所有条款写清楚，那么这份合同只能产生僵化的合作，无法适应变化，这是因为单靠合同是无法穷尽需求的。最后的结果只能是项目大部分的时间都用于各种争执了。对于公司内部的合作，公司的规章制度、职责分工也无法穷尽工作中所遇到的各种情况，如果员工事事都拿规章制度说话，不思变通，那结果势必会导致很多不必要的内耗和不愉快。为了能更快解决问题，在灰色地带需要大家都能积极往前走一步，共同想办法，携手共创才是王道！

- **拥抱变化，持续迭代**：这个时代唯一不变的就是变化，因此我们要顺应趋势，拥抱变化。不是去思考如何让自己避免变化，而是要思考如何能让我们能更容易地应对变化。创新最大的阻碍是我们的经验，不要总是依赖于自身的经验做法，想想我们是否可以持续迭代，不断改进。也许我们并不完美，但我们会一直走在通往完美的路上！

7.1.3 HR 的敏捷原则

有了《敏捷宣言》的明确方向，敏捷软件开发专家们还制定了敏捷开发的十二原则，用以指导敏捷开发的实践。我在结合了 HR 工作需求后将其转变为敏捷 HR 的十二原则方便大家理解。

HR 敏捷原则

用户参与　尽快交付

融合变化　持续改进

及时沟通　个人能力

自我驱动　信任激励

追求简洁　大局思维

持续发展　定期反思

1. 用户参与：HR 的工作是为了满足员工的需求和体验，因此我们在日常工作中要避免闭门造车。例如，在设计上岗流程时我们应该及时让新员工参与，了解从新员工角度有哪些关键需求，有哪些建议。让用户参与到我们日常工作的设计中来能更有效地贴近用户需求，聆听用户反馈。

2. 尽快交付：当我们收集到一些用户的意见和建议时，要能够迅速行动，而不是把这些建议束之高阁。在一些全球化公司中，由于总部集中控制，因此和总部控制有关的建议要先提交给总部，而总部又会因为收到来自各种国家不同的大量需求而导致建议搁置现象。相信有不少 HR 都有过向总部提交建议后，感觉犹如石沉大海般的经历。我们要思考如何能通过授权等机制改变这种状况，尽快行动完成改进，这样就能最大化地通过行动来达成目标。

3. 融合变化：敏捷的优势之一就是能够通过尽快融合变化而产生竞争优势。例如，在 2020 年的新冠肺炎疫情中我们每天都在经历不同的变化，从公司的策略上谁能在市场上优先应对变化，就有可能获得最佳的市场反馈。我们可以看到在新冠肺炎疫情期间有的企业的共享员工策略就得到了极好的反响。如果 HR 只是因为过去没有这样的实践，或者顾虑各种限制，那就失去了先机。因此我们需要积极响应变化，迅速思考对策。

4. 持续改进：也许我们并不完美，但只要我们一直走在通往完美的路上，那我们的方向就是正确的。因此 HR 在日常工作中，不要被固有的流程限制自己的思维，只要每一位 HR 都能时刻问自己，我们还有什么可以做得更好的，那我们就一定能走得更快更远。持续改进的前提是有持续反馈，因此 HR 需要建立数据衡量或者反馈收集的机制，以便更容易触发持续改进。

5. 及时沟通：及时沟通能有效帮助团队统一思想，相互分享，灵活协调。这也是为什么敏捷方法论中会有每天的站立会议，可以确保每天团队通过有效的集中沟通来明确昨天团队都做了什么，有什么问题和今天准备做什么。这样每天短暂的面对面沟通能确保团队内部保持信息通畅，遇到问题及时讨论，并能随时调整优先度和工作重点。

6. 个人能力：通常在大公司中 HR 的职能分得很细，职责固定，每个人只负责自己的工作范围，但其实这只是因为公司规模逐步扩大和流程化管理导致了这样的结果。从 HR 的职业发展角度和敏捷应对能力来看，公司不应该设置这样的界限，每一位 HR 都应呈 T 字形发展。从广度上，要懂得 HR 全领域的知识包括其他业务部门的知识，在深度上也能逐步让自己在多个领域积累深度经验。这样的 HR 往往可以在敏捷团队中发挥更大的作用。

7. 自我驱动：有了个人能力，为了让团队行动更加迅速，每一位团队成员还需要有自驱力。如果事事等指令，事事要请示，自然就会降低整个团队的行动力。每一位组员都要直言不讳，勇于承担责任。我们在组建敏捷队伍时需要优先考虑在平时工作中相对自驱力更强的员工。在组建团队之后也要通过 OKR 等管理方式来强化员工的自驱行为。

8. 信任激励：在有自驱力组员的基础上，从管理的角度来说，只有充分信任组员，才能进一步赋能团队，引发积极行动。对于符合敏捷精神的行为要及时给予认可和鼓励，这样才能让团队在向敏捷合作的转化过程中不断改变传统的习惯，固化敏捷的行为。

9. 追求简洁：复杂是导致低效的主要原因之一，我们会发现随着公司规模的增大和业务需求更为复杂，管控也会逐步加强，因此，日常工作的流程通常也会变得越来越烦琐。例如,有时在 HR 的转入调离流程中,会有线上线下的重复审批或者不必要的审批环节。我们为了追求敏捷,需要不断思考最小化需求,把极简作为目标,尽可能地简化工作。

10. 大局思维:由于敏捷的合作会让整个团队变得非常灵活,各种事情纵横交错地进行,和固定流程合作相比,可能会出现一些混乱。因此我们在敏捷团队中也需要有大局思维的人,能认清大的方向和趋势,这样就容易在关键时刻为大家指明方向,分清优先度,做出正确的抉择。

11. 持续发展:无论是在计划、投资还是人员的安排上,我们都要考虑到如何才能让敏捷合作团队能够有节奏、有步调地往前发展,既不能长时间没有成效,但也不能操之过急。过犹不及,只有考虑可持续发展性,才能让敏捷 HR 团队持续保持士气和战斗力,也能因为持续性的成果而逐步被领导层重视和支持。

12. 定期反思:既然敏捷是持续迅速改进的过程,那么对于敏捷团队本身,我们也需要有在每一轮工作完成后的定期反思。看看整个敏捷团队在本轮工作中有哪些地方做得不错,哪些地方可以做得更好,并在下一轮工作中及时调整,这样就会让整个团队的协作能力持续得到提升。

依据以上这些原则,我们在敏捷 HR 团队的合作中就能够逐步建立站立会议、用户故事、看板、反思会等机制和工具来帮助 HR 团队在工作中做到敏捷。

7.2 敏捷 HR 的常用工具方法

7.2.1 用户故事定义需求

敏捷方法论是为了能更高效灵活地解决问题,所以对于需求的定义和理解就非常重要。因为只有目标清晰我们才能明确方向。但是如何避免长篇大论的需求，依据追求简洁的敏捷原则，让需求也敏捷起来呢？

在敏捷方法论中就引入了用户故事（User Story）的小工具，力求从用户角度出发来提出更小粒度的需求，然后把用户的需求收集后放到整个项目的过程中进行不断迭代。用户故事的模板和示例见图7-1。

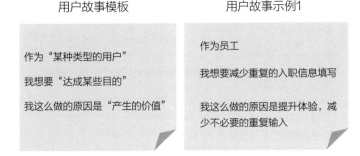

图7-1 用户故事模板与示例1

我们可以看到，用户故事的描述虽然很简单，但是包含了几大关键点：

- **用户**：知道谁是主要用户可以让我们在后续的工作中与主要用户保持随时沟通，获取反馈，一起共创。
- **目的**：明确用户期望达到的特定目标，就会让问题的粒度相对较小，方便HR快速响应，同时小粒度问题也容易进一步分析根本原因和估算工作的复杂程度。
- **价值**：价值思考非常重要，这有利于我们动态评估每个用户故事的优先度。HR的资源永远都是有限的，我们要把有限的资源优先用到投资回报率高的事情上。

下面列举的两个用户故事示例，和图7-1中的示例相比，是从不同的用户视角（经理和HR）提出的需求（见图7-2）。

用户故事示例2	用户故事示例3
作为经理 我想要在员工的各种离职流程中得到及时必要的提醒 我这么做的原因是主动或被动离职流程的情况复杂，需要对接不同部门，如无及时提醒，有时会因为疏忽而影响员工离职	作为HR 我想要减少在日常合同续签，入职、离职流程中的邮件提醒 我这么做的原因是邮件提醒属于固定规则的重复劳动，如利用系统自动提醒每周可以减少半天的工作量

图 7-2　用户故事示例 2、3

通过用户故事的收集，我们就比较容易从中获取不同的反馈和声音，也比较容易跟踪最后的结果是否满足了不同用户的需求。用户故事具体细化到什么粒度才合适，其实没有标准答案，这也是敏捷方法的特点之一，可以依据实际情况进行调整。当我们发现在应对层面如果继续细化用户故事更有利时，就可以把某个用户故事再细分成不同的用户故事来处理。

有了用户故事这样的小工具，我们就可以随时随地通过不同的渠道来收集和整理不同用户的小粒度需求。

7.2.2　难度价值认可贡献

由于敏捷团队会不断应对新的需求和变化，因此项目的分工相对动态，我们应该如何记录大家的贡献呢？这需要我们有比较合理的方式来评估用户故事的难易度和价值。

- **难易度**：在敏捷方法中我们会用故事点（Story Point）的方式来评估用户故事的难易度，通过工作量、复杂度和风险高低等维度由团队成员共同评定一个分数。当团队成员认领相关任务并完成后，通过故事点的积累便能反映每一位团队成员在项目中的贡献大小。

- **价值**：有苦劳也要有功劳，对于功劳的衡量我们可以思考每个任务完成之后所带来的价值是什么？例如，每个用户故事（任务）为公司增加

第 7 章
敏捷：及时应变快速迭代

的利润、节省的人力、物力成本、缩短的流程时间、提升的用户满意度、提高的数据准确率等。

为什么对于难易度我们不用项目完成所需时间来评估，而是要用故事点这个概念呢？这是因为同一件事情如果由不同的人来完成，难易度是不一样的，因为每个人的能力不同。

例如，对于完成 10 公里长跑这件事，不同的人体能不同，因此所需要的时间可能会有很大的差距。如果要用完成时间来评估 10 公里长跑的难易度，那就很难在团队中达成共识，因为实际需要的时间本来就不一样，但是对于 10 公里长跑的这个距离大家的认知是能达成共识的。如果我们能用一个大家都能认同的尺度来评估用户故事的难易度，那么个人的贡献度就能够被比较公平地衡量，同时每个人也能依据这个难易度基于自己的能力来各自评估自己所需要的时间。

我们在敏捷项目中，可以先制定某个大家都熟悉的用户故事作为一个基准故事点，例如完成一份离职率报告。然后将所有工作的估算都和这个基准故事点进行比较。为了能相对容易地区分工作难度，故事点分值会大致参考斐波那契数列（1、2、3、5、8、13、21、34），在打分时只允许出现这些分值，其原因是通过有一定间隔的数字我们才能明显感受到不同任务的难易度差别。

通常我们会采用一种带编号的扑克牌来让团队进行故事点估算，估算时为了避免大家相互影响，会采用匿名出牌的形式。如果发现大家对某个用户故事的打分出现较大分歧，则展开讨论并各自说明原因，然后再次投票，直到团队对估计值达成共识。

在敏捷项目进行的过程中，我们会把每位成员在项目中积累的故事点和产生的价值在每次迭代结束后予以肯定和表彰，以此认可和鼓励我们的团队。与传统的在项目结束后的表彰相比，这样相对高频的认可对团队激励会更为及时有效。

7.2.3 可视看板跟踪进程

当用户故事被认领之后,我们就可以通过另外一个工具来实现任务的状态跟踪,那就是看板。看板一词源于日语,最早来源于丰田公司的管理方法。丰田从超市的运作中得到一个启发后发明了一套工具,在生产车间通过一个直观的看板大屏来呈现与生产相关的数据和状态,和JIT(Just In Time,准时制)结合构成著名的丰田生产方式。看板方法的最大优势就是可视化。

HR在平时工作中的计划、决定、进展可能很多时候都在每一位HR的记忆和邮件中,没有太多很直观的可视化方法便于整个团队随时看到。在整个团队的配合上,大家如果不能随时知道他人的进展,不知道我们要处理工作的全貌,就不利于团队成员的相互鼓励、往前推进,也不利于及时发现问题。敏捷方法中看板工具的设计就是为了能够让大家都清楚团队共同的目标和进展。看板工具的示例见图7-3。

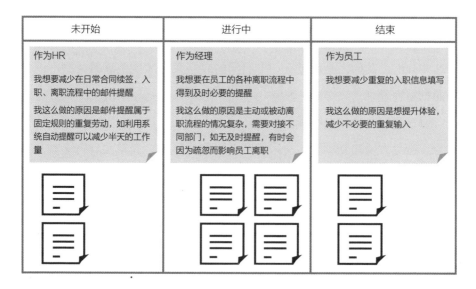

图7-3 敏捷看板

我们可以通过分析先把高优先度的用户故事卡片都贴在看板上的未开始栏中，在难易度分析完成之后可以在卡片上写上故事点分值，当有团队成员认领后就在卡片上记录负责人的名字，然后根据状态将用户故事移动到进行栏或结束栏中。通过这样的可视化看板，我们可以直观看到用户故事被认领和解决的状态。同时基于负责人和难易度分值，每一位团队成员的贡献也被可视化了。

如果公司有条件，可以在公司的墙面上制作这样的看板，每天大家经过看板的时候，团队整体的工作情况就一目了然。当然现在有一些敏捷开发的管理工具也能提供电子看板的功能，但具体用哪种方式不重要，重要的是让所有人都能够可视化地看到 HR 聆听需求、提出方案、解决问题的过程。

7.2.4　站立会议及时沟通

我们在 HR 的《敏捷宣言》中第一条的"改变思维，互动沟通"中提到，我们需要通过日常紧密的沟通来加强彼此了解和对于各自需求的把握和理解，减少误解。在 HR 的敏捷原则中也有相对应的及时沟通原则，因为及时沟通能帮助团队有效统一思想，相互分享，灵活协调。

既然频繁有效的沟通是团队前进的催化剂，那在敏捷方法论中我们是通过什么方式来达到及时互动沟通的目的呢？下面我们来介绍敏捷方法论中的主要工具之一站立会议（见图 7-4）。

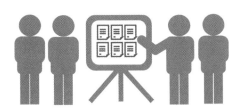

图 7-4　站立会议

为了做到及时沟通，我们把团队的会议频率设置为每天，而不是通常项目常用的周会。虽然现在也有不少公司和项目会有每天的晨会，但在敏捷方法论中为了进一步提升会议效率，把开会的时间缩短到 15 分钟以内甚至更短，并要求所有人在这 15 分钟之内发言，这就是站立会议和普通每日晨会最大的不同点。

也正是因为 15 分钟内的开会要求，才会引出站着开会的做法。站着开会从心理上会让大家自然产生一种快速沟通的基调，从生理角度来说，由于站着比坐着累，也可以提醒大家抓紧时间。一旦坐下来开会，容易让大家延续传统开会的习惯，导致会议时间不容易控制（通常企业中的会议至少都会计划半个小时）。另外，在办公室工作时，大家坐着办公的时间一般也远超站立办公的时间，久坐对身体健康不利，因此站立会议对大家的身体健康也有好处。

站立会议的主要目的如下：

- **互通有无**：大家通过站立会议可以有效地集中沟通来了解每个人都做了什么，迅速知道整个团队每天发生了什么。

- **反馈问题**：如在工作中遇到自己解决不了的阻碍或者新问题，可以通过每天的及时交流将这些问题放到团队中来商量获取建议。

- **支持鼓励**：当团队遇到阻碍时，每天的相互支持和鼓励也能为团队赋能，保持团队动力。

- **整理思路**：对于一些千头万绪的事情，可以通过团队交流迅速理清逻辑和关联关系。

- **认领任务**：在动态项目环境中，通常会因为用户需求变化等原因产生新的任务，敏捷团队讲求自我驱动，在会议上对于新的任务可以由团队成员主动认领，这种做法避免了在传统组织中一有新事情产生时大家都觉得不是自己负责的状况。

- **推动进程**：通过沟通强化目标方向，扫除障碍，可以让团队向着尽快达成目标的方向推进。
- **团队承诺**：每天在会议上每个人的发言过程也是对团队的一种承诺，是加深团队紧密联结，提升信心的方式。

以上这些目标仅通过站着开会的方式，就能既快速又高效地达成吗？显然不是，为了确保站立会议的有效性并能让团队坚持，建议大家能够做到如下几点：

固定时间

一件事情要想长期进行，就必须形成自己的节奏，这样才能把行为转变成习惯。这也是一种时间管理和团队自律。每天固定时间开会可以让团队的集中交流形成规律，避免"三天打鱼，两天晒网"。如果无法形成节奏，也就很难持续下去。

角色分工

在站立会议中，敏捷团队中的三种主要角色都需要参与，各司其职：

- **产品负责人**（Product Owner）：代表用户，从用户角度提出对于敏捷团队的需求，回答团队关于需求的疑问，并对团队的工作成果提出反馈。这样就可以让团队工作紧贴真正的用户需求，并能及时获得用户反馈。如果是 HR 敏捷项目，这个用户往往指的是普通经理和员工。
- **敏捷教练**（Scrum Master）：熟悉敏捷方法论，需要帮助扫除妨碍团队前进的一切障碍。在会议中控制时间，保持节奏，同时可以通过提问等方式启发团队深入思考找到根本原因。敏捷教练是敏捷流程的守护者，是推动团队向前的催化剂，也是提升士气的鼓舞者。
- **敏捷队员**（Agile Member）：大多数的队员都有各自擅长的领域，是敏捷团队中负责项目执行、解决问题的核心力量。在会议中队员需要及时沟通进展，反馈问题，认领任务，帮助他人。

结构叙述

在站立会议中，通过如下的结构化顺序来叙述各自的情况可以节省时间，避免不必要的赘述。

- 昨天完成了什么
- 今天要做什么
- 遇到什么问题和困难需要帮助

提前准备

每位团队成员需要提前更新必要的资料和成果，例如，通过看板方式将各自的进度可视化地展现，这样大家就不必在会上重复叙述那些已经用白纸黑字写下来的情况，节省时间说重点。

互相反馈

当局者迷，旁观者清，与会人员可以通过一些迅速反馈来相互启发，帮助每一位团队成员整理思路，打消顾虑。团队成员相互主动提供必要的帮助也有利于扫除项目障碍，推动进程。

理论需要实践来检验，说得再多不如立即行动尝试。大家如果有兴趣学习敏捷方法的话，可以组建一个小团队选取一件事情开始尝试每天的站立会议，当尝试以后遇到问题再回来看这些总结可能会更有感触。

对于敏捷工具，需要提醒的是，要推动这样的做法需要其他各种敏捷管理方式的共同配合。并不是有了工具很多事情就会自然发生，往往细节决定成败，所以关键还是要看如何激励整个敏捷团队持续推动敏捷项目的实施。

7.3 敏捷 HR 项目的运作流程

基于 HR 的敏捷宣言和敏捷原则，再通过运作流程把各种工具串联在一起，就可以将敏捷的方法进行落地实施，指导我们将日常工作用敏捷的方式来进行（见图 7-5）。

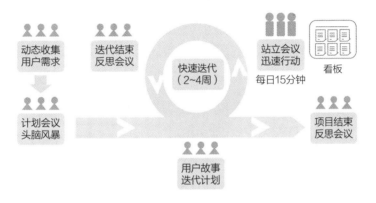

图 7-5　敏捷项目的运作流程

7.3.1　动态收集理解需求

HR 的日常工作大多需要与业务部门和员工打交道，因此，在 HR 敏捷原则中的第一条我们就提到了用户参与，与敏捷原则中的融合变化结合起来看，就需要通过用户的积极参与来动态地提出需求和期望，这是 HR 敏捷工作的基础和方向。

通常我们在执行一个普通项目的时候，会试图通过全面访谈来收集各种用户的需求，然后将其整合放到一个非常庞大的需求文档中进行分析。这样的传统做法会让我们的工作铺得太开，且在同一个时间段收集的需求往往会不太全面，因为可能很多用户还没有来得及仔细考虑，用户需求会议就结束了。

但如果后续用户有新的变化需求,可能大家又会比较排斥新需求,因为已经收集好的需求是好不容易才做出来的阶段性版本并经过了审批,如果要改又得返工。因此,很多 HR 往往会以当时为什么你不提的理由,把新需求往后搁置。

所以,我们在日常工作中通过问卷和访谈动态收集用户的需求是非常重要的。我们不仅要简单收集需求,还要真正去理解需求背后的需求。在数字化转型方向我们提到了员工体验,因此我们要站在员工的角度来思考问题,共情业务和员工才能理解用户到底需要的是什么。

例如,我们在数字化转型过程中收集到的一个需求是为经理和员工提供数字化 HR 系统的培训。基于这个需求,通常的做法是可以设计和安排系统上线前的员工培训,或者是录制培训视频供经理和员工回看。但这样的做法其实没有能够深入理解用户的需求。

如果我们能共情用户,就会进一步想到,对于经理和员工来说,平时业务繁忙,精力分散,是很难通过一次培训来了解系统中所有的功能和使用方法的。因此,用户对于系统使用的需求应该是能在真正用到系统的时候随时获取帮助,同时也希望系统能够足够简单,提供智能帮助和提示,避免用户阅读大堆说明文字。理解了这个需求,我们就能在设计系统的时候去着重增强用户体验,而不是在系统设计好之后再来制作说明文档。

HR 对于理解需求这一点其实是有优势的,因为 HR 的日常工作就是处理与人相关的事务,因此更容易从人的角度来理解一件事情、一个问题背后所包含的人性的需求。

7.3.2 头脑风暴聚拢创意

在敏捷原则中我们提到大局思维,除了我们要在团队中引入有大局观的成员,在敏捷项目执行的过程中也要充分利用团队的力量,因为一个人的视野往往是有限的,如果我们能集合团队的力量就更容易呈现出事物的全貌。

头脑风暴是大家都耳熟能详的方法,不过头脑风暴并不只是一些人在一起开会就能完成的,我们还需要有一些关键的原则和方法,例如,利用六顶帽子的方法结构化地进行探讨,通过思维导图来对大家的意见进行汇总归类,通过鱼骨图来可视化成员共同深入分析出的原因等。

通过头脑风暴的发散性讨论之后,我们要对收集到的各种建议进行收拢,因为我们最后还是需要聚焦到实际可行的行动上,可以让团队成员共同对不同的创意进行投资回报的分析和打分,优先选取那些相对来说投资回报率较高的方案进行尝试,其他方案可以备用。

7.3.3 分解任务迅速行动

在选取了优先方案之后,我们就需要进入实际执行阶段。为了敏捷的效果,在分解任务上和传统项目管理方式最大的不同是我们要先聚焦那些能在短时间(通常这个周期是 2～4 周)内呈现效果的行动,而不是需要很长时间才能看到效果的计划。如果发现所有的工作都需要很长时间才能看到效果,我们就要思考如何进一步分解行动,以便在一个较短周期内看到效果。

有了任务分解,我们就可以依据敏捷原则中的自我驱动,让组员依据自己的特长和期望学习的方向来认领任务。由于任务的周期短,有明确的结果,会让组员在认领任务时更有目标感,任务的拆解也更容易让组员之间相互配合和帮助。

我们可以利用站立会议机制来让组员动态认领任务,认领任务的好处有很多。传统的团队合作中每个人的分工相对明确,大家都偏向负责和自己岗位职责有关的事情。但分工过于明确一方面会导致资源调动出现问题,因为变化往往是不可预测的,我们随时可能会在某一领域有集中需要应对的事情而另一领域相对稳定没有太多的工作,如果过于强调当前岗位职责就会产生资源浪费的情况。另一方面，没有更多不同种类工作的经验，也不利于团队组员个人能力的发展，在敏捷原则中我们还强调了个人能力和持续发展，所以我们需要考虑到如何才能在敏捷项目中提供给所有团队成员更快的个人能力提升机会。

通过站立会议认领任务的机制，就可以解决资源调动和个人发展的问题。同时在每天的会议上通过大家的相互分享及寻求提供帮助，也能有效推动项目进程。如果我们同时还能利用好敏捷工具中的看板，让大家能够及时地、可视化地了解项目最新的进展，推动效果就会更加明显。有了这个推动机制，可以激发团队成员共同努力，尽力在每一个迭代周期都完成相应的成果。有了成果，我们就可以进入下一步的测试验证及反思总结。

7.3.4　反思总结快速迭代

《论语》中的"吾日三省吾身：为人谋而不忠乎？与朋友交而不信乎？传不习乎？"这段话说明了及时反思的重要性。

在敏捷方法中的回顾反思会也是为了让大家重视反思。我们可以定期在每次迭代完成后，通过总结会来听一听每位团员在这次迭代中积累的经验和遇到的问题。这也非常类似于当今比较流行的复盘。

反馈是一种礼物，在回顾反思会上如果我们还能相互直言不讳地提出反馈，就更能帮助团队成员快速成长。如果每位团队成员都得到了成长，就会激励大家继续投入敏捷的尝试。每一阶段的成果并不需要完美，因为不完美会给我们持续改进的空间。只有鼓励团队成员不断尝试，勇于试错，才能让我们更快地进步。

我们在经过反思总结，获取反馈，及时发现问题之后，就可以迅速进行调整，或者参考头脑风暴阶段提出的其他方案继续进行尝试，也可以依据最新的发现进行新的头脑风暴，这就是快速迭代的过程。通过这样的循环往复，敏捷原则中的持续改进和定期反思就得到了落地执行。

在快速变化的时代，如果我们还是用传统的项目长周期来应对，那么等到最后发现问题的时候可能往往为时已晚，所需要应对变化的成本就会变得很高。但是通过快速迭代的方式，我们就能在过程中及时发现问题并及时调整，从而提高成功率。

7.3.5 敏捷合作持续激励

在敏捷合作中，对于个人的综合能力要求会比较高，因为敏捷方法需要团队成员有更高的自主性和能动性，对大家的期望是从传统工作分配的"要我做"，变成敏捷协作中的"我要做"。因此，如何激励团队便成为决定敏捷项目成败的关键要素。

激励本身也是领导力的重要组成部分。在敏捷团队中，我们基于团队成员的个人需求，可以尝试通过以下的一些方式激励团队和个人。

共同愿景

最好的团队合作是有着共同价值观的一群人的合作。因此，敏捷团队的组建可以尽量通过自愿加入而不是指定加入的方式来进行会更好。

我们可以在组建敏捷团队时通过启动会议介绍 HR《敏捷宣言》和敏捷原则，大致的工作模式和期望达成的目标，同时让大家通过提问来澄清疑惑。

然后再以自愿报名的方式来招募成员，这样可以尽量在初期阶段招募认同并愿意尝试敏捷方法的成员加入，使得团队在工作价值观上尽快达成一致。因为相信，所以加入，这会非常有利于团队工作的推进。

加速成长

每个人都有自己的梦想，都希望能向着自己梦想的方向不断提升。如果我们在敏捷协作的过程中能够帮助每位成员向着梦想的方向迈进，那就会是一种很有效的激励。因此，我们在敏捷项目的计划会议中，可以让每一位成员能够有机会充分表达各自的期望和发展需求，以此让团队成员相互了解各自的兴趣点和自我发展方向。

在后续的工作安排上，就能够更加灵活地顾及每位团队成员的自我成长需要，实现共赢。为了兴趣和自我成长而工作，也能让团队成员在遇到困难时，更愿意坚持和付出。

自主互助

充分的自主权和相互支持的文化也是团队激励的要素之一。在每天的站立会议中，我们要鼓励大家发表自己的观点和见解，当有新需求任务产生时，我们应尽量通过团队成员认领任务的方式来进行工作安排，充分尊重个人意愿也可以赋能团队。

同时，我们也要在团队成员遇到困难时，鼓励团队成员积极相互帮助。这样才能让大家在主动认领任务时打消顾虑，并感受到团队支持的力量。在我们接受过他人的帮助之后，下次在他人需要帮助时我们也就会更加愿意主动帮助他人。

通过这样的协作文化可以突破在传统细致分工导致的灰色地带上产生的推诿问题。这也是敏捷团队的价值所在。

快速成效

在尝试新的工作方式时，大家可能会跨出自己的舒适圈。虽说跨出舒适圈有利于加速个人发展，但如果离开舒适区时间太长而没有看到成效，那就容易使人产生一些负面情绪导致无法坚持，进而回到原来的状态。

那如何防止出现这种情况呢？在变革管理中有一个主要步骤就是通过短期成效来巩固变革结果。这一步骤也可以用到敏捷方法中来，这就是为什么敏捷的目标之一是通过快速迭代来尽快获得成效的原因。

快速迭代的周期建议为 2~4 周，也就是说我们期望能够把任务拆解到可以在每 2~4 周内看到成果的粒度。当团队成员在舒适区外工作时，如果定期能看到项目的成果,就能帮助大家建立信心、坚定信念,也能帮助项目获得更多支持。

贡献可视

从马斯洛需求层次理论中我们可以看到,被尊重和认可的需求是人性中比较高层次的需求。因此,对于这一需求的满足也是激励的方式之一。在敏捷项目中,我们如果能把每个人在项目中完成的故事点和带来的价值通过可视化图表展示出来,就能通过认可来持续激励大家。

改变思维

为了让团队变得更加敏捷高效,成员思维的改变比实际技能的增长更重要。因为日常工作的技能容易学习,但思维方式却不容易改变。在项目中,我们在持续利用上述方法激励团队的同时,也要通过大家的实践,引发团队成员的思考,引导大家从固定型思维向成长型思维转变。团队有了更多成长型思维就能更有效地激发潜能。赋予团队成员新思维,这才是终极的激励!

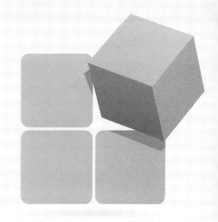

第 8 章

团队:
跨越障碍成就绩效

8.1　组建高绩效团队

随着当今数字化时代的快速变化，团队也往往具有一定的临时性。每次团队负责人在进行新项目、在面临组织架构调整时，往往都需要组建一个和以往不同的新团队。这个新团队可能是由直线汇报的同事、其他团队的同事以及初次合作的供应商伙伴组成。大家是否都曾经为团队管理中出现的各种问题烦恼过？接下来我们就来谈谈团队负责人如何跨越障碍，组建高绩效团队。

基于塔克曼团队发展阶段模型，团队发展通常会经历如下几个阶段，组建期（Forming）、激荡期（Storming）、规范期（Norming）和执行期（Performing）。

结合大家之前积累的项目和团队经验我们不难体会到，由于新团队发展必定会经历这些过程，而执行期又是整个团队绩效最高的阶段。因此在带领团队时的主要任务就是：如何能够让团队尽快从组建期通过激荡期和规范期，进入执行期。这个期间越短，整个项目的平均团队绩效也就会越高。

接下来我们来看看团队发展各阶段的特征、为了达到高绩效团队的目标，以及建议在团队不同阶段需要重视的工作重点。

8.1.1　组建期

团队在组建期团队负责人可能会遇到如下问题及相应的影响：

- **团队队员对于整体团队目标不了解**：不了解整体目标，团队队员就不确定个人的目标如何与团队的目标结合，从而产生动力和加入的意愿。

- **团队队员间相互不熟悉**：这会导致队员的沟通与行动相对比较保守和被动，影响团队计划和决策的效率。
- **团队内部合作关系不确定**：流程责任不清晰，容易产生重复工作或灰色地带。
- **团队队员由于未知而产生不同的忧虑情绪**：团队队员的各种担心会导致出现两种极端情况，一种是不敢表达个人想法，另一种是过多在团队内部表达忧虑，影响士气。

为了应对以上的问题，减少对团队合作的负面影响，建议团队负责人重视如下的一些工作重点：

- **达成共识**：建立清晰的团队目标，同时将团队的目标和更大组织的目标相关联。有一个小故事：两个人都在干砌砖的活，一位愁眉苦脸的工人说自己是在砌砖，另外一位认真专注的工人说自己是在盖一座宏伟的教堂。因此，帮助团队了解团队工作的意义，对于个人的成长和团队的成功都有很大的促进作用。
- **建立信任**：在团队合作的过程中需要团队队员之间不断互动和沟通，因此建立信任是团队合作的基础。在团队建立初期，团队负责人可以通过各种形式的面对面团建活动，来加强团队队员间的相互了解和信任。

有两种活动设计对建立信任比较有效，一种是合作竞技，通过共同完成任务，更容易让队员间相互了解各自的性格和行为模式。另一种是团队教练，通过个人分享、相互反馈等环节，加强团队队员间的情感连接和相互同理。这些都可以为将来团队进一步深入合作做好准备。

- **明确职责**：通常团队都有体制图，但是体制图中仅有那些画线的汇报关系是不够的，只有加上职责描述才是有效的体制图，以此解决团队合作关系不确定的问题。

不过知易行难,有很多时候我们看到的体制图是没有职责描述的,即使有职责描述,对于组长这样角色的职责描述也是不太清晰的,通常只会描述组员的任务。如果是这样的话,大家只能猜测作为组长到底要承担哪些具体责任,心理预期不同,就很容易产生分歧。

如果能明确组长职责,例如,制定计划、检查成果、控制进度、团队人员管理,那么不但组员会清楚如何配合组长工作,组长本人也知道团队对于他的具体工作要求。请参考如下的示例体制图和职责描述(见图8-1):

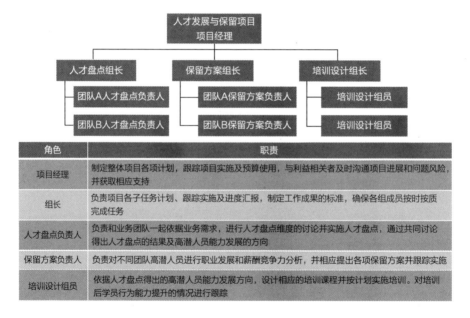

图8-1 项目体制架构图

让团队关键队员共同参与团队职责分工的讨论,也是有效达成团队合作共识的方法之一。通过共创产生的结果也包含了全体关键队员的承诺,有利于后续团队工作的顺利实施。

对于团队的合作关系我们也可以通过流程化的方式来明确,对于某项团队事务、不同角色间的合作先后顺序,例如,通过团队变更管理的流程来明确在需求发生变化时，如何通过相应的沟通、估算和审批来完成团队内部的认可与供应商之间的费用变更。

- **打消顾虑**：团队队员通常会因为各种原因产生不同顾虑，例如，个人能力是否能满足团队需求？参加团队工作对个人成长有何好处？团队负责人和其他团队队员的能力如何？是否好相处？遇到问题和不公应该怎么办？等等。

为了打消团队疑虑，团队负责人要确保信息透明和约法三章，通过团队章程明确记录和传达团队目标、团队价值观、合作共识和工作指南，并对团队队员的可接受行为做出明确规定。例如，约定当员工有不同意见时的最终决策机制，当团队队员提出问题得不到解决时如何进一步向上反馈的机制，以及在员工做出贡献或者违反团队章程时的团队奖惩机制等。

如果团队负责人能够利用团建或者团队会议等场合鼓励大家勇于创新和试错，相信在团队合作过程中团队队员就会更加愿意为团队积极出谋划策。团队负责人也需要尽量熟悉团队队员，可以通过平时了解、一对一沟通、侧面了解等方式明确大家的疑问、顾虑、需求和期望。在分配团队工作和职责的时候，最好能够结合每一位队员的自身职业及能力发展需求等个人目标，在与队员的合作过程中能够达到团队和个人的双赢。

8.1.2 激荡期

团队在激荡期团队负责人可能会遇到的问题和影响如下：

- **团队合作不顺畅，效率低**：共同合作需要磨合期，所以在磨合阶段，相应的团队工作效率是偏低的，很有可能出现一些工作上的反复。
- **团队队员出现意见冲突及争执**：团队队员由于工作经验、专业知识、做事习惯和个人性格的不同，容易在团队的不同工作中产生意见不一致的情况。由于在激荡期团队合作度的限制,往往会引起团队内部的矛盾争执而不是和谐共创。

- **团队队员对管理公平性产生质疑**:由于团队合作和流程很难有完美的、绝对的公平,团队在激荡期间,团队队员只要愿意,可以找出无数的理由来抱怨团队安排的不公平性。一旦团队负责人应对不当,陷入公平与否的争执陷阱,就很容易影响团队的士气。

首先团队负责人要做好在组建期中介绍的各项准备,这样就能够有效减小在激荡期这些问题出现的概率。比如,在前文中提到的让团队关键队员共同参与团队职责分工的讨论,就可以极大减少在团队实施过程中,团队队员对于管理公平性产生质疑,因为这是大家共创的结果。

在做好组建期各项准备的基础之上,在团队激荡期,团队负责人还需要重视以下几个方面以顺利度过此阶段:

- **以身作则,坚持原则**:上梁不正下梁歪,以身作则是团队管理成功的关键。通过好的示范带头作用,可以在激荡期内为大家指明方向。从自身做起,严格遵守团队共同制定的团队章程。在解决冲突的过程中,对于原则性问题,团队负责人需要坚持鼓励团队章程所认可的行为,制止团队章程所禁止的行为,以此来确保所有团队队员对原则性问题的共识。

- **关注队员情绪**:团队中也会遇到很多在非原则性问题上团队队员间产生意见冲突的情况。比如,某件事情该由谁来负责这个问题,其实我们很难判断对错,也不可能刨根问底通过逻辑的方式来让大家达成共识。所以,在这种非原则性问题上,团队负责人最主要的工作是解决人的问题,而不是解决事的问题。每个人对事情的看法不同。在团队队员间的相互了解还不足时,团队负责人更需要让团队能够相互接受个体的差异性,同理共情,感受情绪。通过沟通、疏导来挖掘矛盾双方各自深层次的需求。以相互理解为前提,再来进行协商,会更容易达成共识和下一步的行动。

- **公平公正，持续改进**：团队成员的根本需求是能够被公平公正地对待。如果这一点没有达到，那么无论再怎么搞团建都无法让团队成为高绩效团队。因此，团队负责人一定要站在队员的角度审视整个团队的计划安排及规章制度是否真正做到了公平和公正。如果团队负责人平时就很重视公平性的问题，那么一旦员工对于团队的公平性产生疑问，团队负责人就可以及时回答自己的设计与想法，这样做也会让团队队员体会到团队负责人的深思熟虑。

另外，事物的发展都是呈螺旋式上升的，团队也是一样。所以，虽然在此阶段团队队员间的关系会相对复杂，但团队负责人在此过程中仍然需要保持一颗敞开的心，随时充分听取团队的建议，看看有哪些地方是需要持续改进的，积极改进，完善团队的管理。

- **注重软技能的培养**：改善团队关系要从团队中的每一个人做起，因为真正影响团队关系的是每位团队队员的思想和行为。所以，团队负责人在团队合作过程中可以适时通过一些工作坊（性格、情商、沟通、协作、教练等），来提升队员们自我认知和与他人互动的能力。在此阶段的工作坊更能引起队员们的反思，因为这一阶段人和人之间存在的问题是最多的。

8.1.3 规范期

经过激荡期的磨合，在团队规范期，基本大家都能够按照团队的章程进行工作，在此阶段可能会产生如下的问题和影响：

- **进入舒适圈、缺乏创新**：团队的章程和流程规则可以让团队有效地开展运作，但同时带来的潜在问题是流程被固化后，队员们容易按部就班地工作，疏于创新和持续改进。
- **队员工作热情逐步降低**：由于团队的稳定和对工作的逐步熟悉，某些队员由于性格原因，可能会对工作挑战度的降低逐步产生一些疲劳和厌倦的情绪，对团队工作产生负面影响。

在此阶段团队负责人可以通过注重如下的一些工作重点来应对：

- **奖勤罚懒**：在团队取得阶段性成绩后要及时进行总结和表彰。鼓励团队中正确的行为和态度。在激励优秀队员的同时，对于能动性相对较差的队员也会起到一定的督促作用。对于责任心和态度确实存在问题的队员，也要积极反馈沟通并和队员约定相应的改进行动，没有罚懒对团队中其他认真负责工作的队员同样是一种不公平。

- **提升团队自驱力**：根据马斯洛需求理论，人的最高需求是自我实现的需求。因此在团队进入规范阶段后如遇到团队队员热情度降低时，可以尝试把团队的工作与员工个人的自我实现方向相关联。例如，通过职业锚、MBTI职业性格、霍兰德职业兴趣等测试让团队队员能够更多地了解自身的职业兴趣与发展方向，发掘当前团队目标与个人职业发展的结合点。同时可以依据职业发展对话的结果，进行适当的工作调整以满足队员的自我实现和发展的需要。通过类似的方式来尝试实现队员自我的目标管理，提升团队自驱力。

团队负责人也可以适当组织内部团队与外部团队或者业界同行进行交流分享，汲取外部新的知识和做法，鼓励团队不断创新和突破舒适圈，这样也能为团队达到高绩效状态的执行期做好准备。

- **未雨绸缪**：虽然此阶段团队相对比较稳定，但团队负责人不能因此放松警惕。需要在日常工作中重视风险管理，对于将来可能存在的团队问题进行分析并采取相应的行动来防范风险，尽量将未来发生问题的可能性减少到最低。

8.1.4 执行期

经过团队负责人在前三个阶段所做的各种工作与调整，在团队执行期，整个团队应该已经能达到相对和谐高效的合作状态。因此在团队执行期，团队负责人可以从以下三个方面进一步打磨高绩效团队：

- **团队自治**：通过之前建立的团队管理机制和对队员的赋能，团队负责人应尽量让不同子团队间能以团队目标为方向进行团队内部和团队间的自我合作和持续改进。团队自治可以减少团队负责人花费不必要的沟通协调时间，让团队负责人把更多时间用于与团队外部的沟通与关系维护、获取更多必要的资源用于团队业务和建设上。同时团队负责人也能有足够的弹性来应对团队突发事件。
- **充分授权**：赋能优秀队员，对优秀队员进行最大程度上的授权。通过授权可以让这些优秀员工有更大的自主权和决定范围，提升团队决策效率，同时也能通过这种方式逐步锻炼和培养出未来团队负责人的候选人。在团队中进行人才培养也是团队负责人的重要职责之一。强将手下无弱兵！
- **团队跟踪**：团队自制和充分授权并不意味着团队负责人可以两手一摊不用负责。团队负责人需要建立有效的机制来随时跟踪了解团队工作的最新进展，通过科学管理的方法和工具来及时了解团队工作的最新状况。例如在项目管理时，我们就要随时发现在项目管理三角形的四大维度——时间、范围、成本、质量上有哪些需要及时介入的风险和问题。

8.2 领导力与影响力

8.2.1 领导力要接地气

在团队的管理中，有一些方法论是硬技能，但是需要依靠领导力这类软技能在团队内部贯彻实施。只有领导力和管理方法论相配合，才能在公司项目、运营过程中更好地完成日常工作，达成管理目标，获得业务成果。

很多领导力的话题都比较高大上,从战略思维到商业计划,从企业文化到组织能力。然而在新时代的环境下,领导力还需要能接地气,接地气是发挥领导力的基础,只有先做到这一点,管理者才能有在团队中施展其领导才华的可能。

在领导力这个话题上,有时候大自然会给我们一些启示。池塘里的浮萍属水面浮生植物,随波逐流,虽然浮萍表面看着很平静悠闲,但对于池塘来说却隐藏着危机。浮萍在池塘中会减少池塘的氧气,如果浮萍覆盖整个水面,会造成池塘中的水严重缺氧,池塘里的鱼会因窒息而死亡。

在大家的身边是否也有类似浮萍般的领导?除了占用池塘的氧气给公司和团队带来麻烦之外,没有居安思危的意识,一味躲在避风港里吃着自己过往经验的老本,依靠细细的丝状根赖以生存,不接地气,没有持续丰富营养的输入,自然也就无法适应新环境的挑战。

与浮萍相反,在自然界我们还能看到榕树独木成林的景象,榕树粗壮的大树枝上会垂下一簇簇胡须似的"气根"。这些"气根"开始就是根细棍,可是它们只要接触到土壤,就会吮吸着土壤中的营养成长壮大起来,不断增粗成为支柱根,同时还支撑着不断向外扩展的树枝,使树冠不断扩大,就这样柱根相连,柱枝相托,枝叶扩展,成为遮天蔽日、独木成林的奇观。小鸟很喜欢食用榕树的果实,鸟能帮助榕树四处播种,甚至在大榕树上也生长着小鸟播种的小榕树,构成了树上有树的奇特景观。

作为领导者,是想要成为浮萍,既没有根基又占用池塘里鱼儿的生存资源?还是想让自己变得更强大,在复杂的公司内外部环境中,像榕树一样把自己深深扎根在土壤中,吸取大地精华,更好地发挥自己的力量,同时让小鸟帮助自己播种,把自己的成果发扬光大?榕树即使已经成为一棵大树,它也仍然能接着地气为自己能成为一片森林而努力。

领导力的体现在于管理者日常如何做人与做事,因此我们对于领导接地气的解读也应从管理者对人与对事的两方面态度来探讨。如何能真正让大家感受到并愿意支持一位接地气的领导，管理者可以参考如下的建议（见表8-1）：

表8-1 领导者接地气

对人	对事
平等尊重无高低	以身作则带头干
分享经验无保留	己所不欲勿强求
宽容大度能容错	事实说话不浮夸
不玩套路聊真心	放空自己勤学习

平等尊重无高低

榕树在独木成林后，一般人很难找到哪里是榕树最早的根基，所有的支柱根都在做着同样的事情，支撑着榕树不断壮大。其实在企业里也一样，有主心骨固然重要，但是也需要通过平等的工作环境，润物于无声之中。有了平等的文化，领导者更能重视以德服人，而非靠权威压制，这对于公司文化的建设也起到了积极正向的作用。

很多企业都在谈平等，但能让员工真正感受到其实并不容易。有些企业进行了一些不错的尝试，比如，取消了老板的办公室，所有员工不分职级都在同一办公空间工作。这其实就是一种接地气的实际行动，如果平等只停留在纸面和口头上，员工是感受不到的。从环境和实际行动中让员工感受到平等，大家在内心会对领导更加尊重。

分享经验无保留

在共享经济的时代，知识也必须最大限度地共享。作为有经验的管理者应该毫无保留地与团队分享自身的知识与经验，这是将领导的成功经验与价值观传递给更大团队，提升组织能力的重要途径。榕树分享了果实才能让小鸟更愿意为榕树播种。如果现在还有管理者担心师傅教会徒弟，师傅就没饭吃，那我们需要先质疑这位管理者本身的能力及价值观是否符合公司发展的要求。

当今社会信息爆炸，即便管理者不分享自身的知识与经验，团队也有许多途径比领导学得更多更快。作为管理者不仅要自己分享经验，还要鼓励团队进行知识共创，发掘团队的潜力。

宽容大度能容错

人都会犯错，再有经验的管理者也会犯错。很多曾经如雷贯耳的公司现在都销声匿迹了，不就是管理者们错误决策所造成的吗？因此，作为管理者要保持一颗谦卑的心，平和地看待团队犯错这件事情，不能事事居功自傲，一有什么问题就对大家指手画脚、追究责任。要有勇气允许自己和团队试错，直面错误。不仅看结果，也要看过程，通过过程和结果的分析积极地推动团队持续改进才是正道。

例如，在很多行业的研发领域就不能完全按成败论英雄，很多成功都是建立在无数次失败的基础之上的，没有人愿意去试错，哪会有成功的创新出现。榕树伸出的无数气根就是在各方向、各维度试错，有的气根下方可能不是泥土而是河流或硬石头，但只要其中有一根找到了正确的方向就又能长出一棵新的大树。

不玩套路聊真心

很多管理者参与了各种公司相关的管理课程，因此积累了不少"套路"，比如，绩效面谈、教练辅导、离职沟通、谈判技巧等。然后试图用这些教科书式的套路来管理团队。就像池塘里的浮萍，都是大同小异，没有变化，多看两眼就腻了。套路就是这样，有标准的理论，但如果管理者在管理员工时都用类似的方法，不注重差异化，有时和员工的谈话会变得很形式主义，使双方都很尴尬。而且有些团队成员的智商、情商在管理者之上，套路被看穿了大家对你的信任也就降低了。

虽然学习一些理论和方法是必要的，但管理者如何能用真心去认识你的员工，在事实的基础上是否能够敢于肯定员工的优点，指出员工需要改进的点，在理论基础上能否加入自己的真实感受与员工建立连接。在沟通后是否将对员工的支持通过行动真正落实到位。这些都是非常重要的，否则很多时候管理者与员工沟通只是走过场而已。榕树的根基没有套路，纵横交错，向着最适合的方向延伸生长。管理也应该没有套路，因地制宜，随着环境和场域的不同而不断变化。这样才能接到地气，与团队相连。

以身作则带头干

有些管理者制定规则要求员工准时上班，自己却姗姗来迟。事情虽小，但是不能以身作则的管理者，很难管理好团队。小事如此，大事就更不能信任。如果管理者希望团队能够做到，那么自己首先要以身作则。需要大家冲锋陷阵，自己就要带头去啃最硬的骨头。领导的优势是人脉和经验，该出面的时候要出面。在企业有难时冲在前面、以身作则带头干的领导，才能更好地带动团队。

细节决定成败！很多管理者嘴上都会说自己会严管，但回到日常工作中，要么懒得管，要么因为能力问题管不了细节，试想这样的领导如何能管理好团队？接地气的管理者不但要把握大局，还需要以身作则去了解关键的细节！

管理者可以通过如下的问题来自测一下：你是否知道团队日常工作中每一位直接下属最近关心的主要工作问题是什么？你是否知道你所在团队运营的所有流程中有哪些问题和困难？团队做过哪些尝试？为什么尝试没有成功？你能马上回答出来吗？

建立企业和团队中最重要的文化和价值观，是需要最高领导以身作则做起的，像榕树将自己复制成一片森林那样层层通过行动来传承。上梁不正下梁歪，领导不带头干，文化和价值观是无法靠贴海报、开大会、喊口号来实现的。

己所不欲勿强求

很多时候管理者在向员工提出工作要求时，往往会直接照搬从更上一级老板那里拿到的公司管理制度和流程等来指导大家的工作。如果从上往下传递工作要求的时候每一层经过的管理者都是甩手掌柜，那么最终在执行层面往往会发现其实某些规定和政策不接地气、不人性化、甚至是非常低效的。

每一层管理者拿到这些制度和流程时，都应该先自己考虑和尝试下这些事情的难度和可执行程度，自己能不能记住、能不能遵守？如果自己都觉得这件事比较低效难执行，那就不要强人所难硬往下推，而要敢于持续改进，一起和团队思考和尝试一些更有效的解决方案。经过一定的简化，再在团队中进行推广。相信大家都会非常感谢和尊重这样"己所不欲，勿施于人"的领导。

有要求员工写日报的领导，他们应该先想想自己能不能坚持每天写报告向老板汇报。有要求员工周末加班的领导，他们应该先想想自己如有家庭需要照顾，比较难以平衡家庭需要和工作要求的时候，自己是否能高高兴兴地周末到公司上班。

事实说话不浮夸

以事实说话，就是通过事实情况和数据分析，聆听团队的声音，找到事实的真相。有很多管理者喜欢发表观点，但总是嘴上"跑火车"，观点缺乏数据的支持。这样的观点无论在老板还是在团队眼中，都会被不断质疑。

如果管理者能善于通过事实调查来总结现状、提出建议，那么一定能得到更多来自团队和老板的支持。例如，为了反映团队工作量大而寻求资源支持的问题，我们可以在业界做个小调查，基于市场数据来证明自己公司的人员配比确实比市场平均水平要低。这样在向老板争取资源的时候可以基于数据获得信任与支持，也可以让团队了解自身在市场上的价值。

在对团队进行反馈时也要实事求是，不要夸夸其谈，好要说明好在哪里，改进也要基于事实指出具体的改进点。只有这样，管理才能更好地与团队达成共识，取得团队的信任。管理者的观点和理论也要通过实践来检验，说得再多，不如实际做成一件事情，通过成果来证明，这样对团队所产生的影响力会更深远。

放空自己勤学习

每个人的经历都不同，管理者的经历越多越坎坷，经验可能就越丰富，就可能站得更高、看得更远。在职业和生活的道路上，请放空自己，随时将自己归零，勇于走出舒适圈，多看看外面的世界，多尝试新的体验，会让你获益匪浅。因为，企业现在需要的就是跨界人才。

越是资深、身居高位的领导，公司里对你为人处世的真实反馈和建议会越来越少。所以作为领导就更需要吾日三省吾身，勤奋学习。

跨界和外部学习是一种比较好的方式，在跨界和外部学习的环境里，由于大家没有平时工作中的那种领导与被领导的关系，相互的交流与反馈会更加纯粹，因此管理者能获得真实反馈和声音的可能性往往会比在公司内部更高。

跨界学习可以有很多方向。HR 需要多向 IT 人员学习大数据和人工智能方面的技术，将其用于 HR 领域，IT 人员也要向 HR 学习如何把技术用大家听得懂、更愿意接受的方式说出来。外企要多向民营企业学习弯道超车的经验，民营企业要多向外企学习长年沉淀下来的治理框架，相互结合才能够取长补短。

有了团队管理的方法论作为指引，再加上接地气的领导力的支撑，整个团队才能向着正确的方向齐头并进。

8.2.2 影响力的理智与情感

在快速变化的环境中,组织也变得更加灵活,例如阿米巴经营、敏捷管理、项目形式的合作等。这让我们的合作环境变得更加复杂,每一个人在职场中都需要同时进行向下、向上和平级的管理。特别是现在的社会合作关系更趋于平等,都更加需要通过影响力来推动。因此,影响力在数字化转型时代的重要程度毋庸置疑。

在这样的灵活组织架构下,如何能通过影响力来取得合作者的支持就成为非常重要的成功因素之一。影响力提升了,就能更容易借助大团队的力量达成公司和个人的各种目标。有了影响力,每一个人就可以在团队中起到引领的作用,这也是现代领导力所倡导的。

影响力取决于不同的因素,主要可以将影响力归纳为理智与情感两大维度(见表8-2)。

表8-2 影响力的理智与情感

理智	情感
权力指令	共同愿景
专业成就	人际情感
数据论证	同理互助
谈判妥协	授权赋能
间接影响	个人魅力

理智

- **权力指令**:在内外部团队互动的过程中,权力和地位是天然的影响力因素,特别是在等级观念比较强的亚洲国家更为明显。公司领导层或者合作中的甲方通常会有比较多的话语权。但是随着时代的进步,等级观念在年轻一代的心目中也越来越弱化,因此靠权力和指令来进行影响的效果会越来越低。

通过如下这个不同年代的人谈辞职的段子就能很好地体现出这一点：

60后：什么是辞职？

70后：为什么要辞职？

80后：有更高收入的工作就辞职。

90后：领导骂我就辞职。

95后：感觉不爽就辞职。

00后：领导不听话我就辞职。

因此用权力和指令来产生影响力的做法，只推荐在一些危急关头必须采取紧急行动和决策时使用，平时在日常工作中长期使用一定会不得人心。

- **专业成就**：俗话说胜者为王，胜利者由于有成功的结果来证明，因此其影响力就会更大。在现代商业社会中，商业结果说明了一切，在学术、业务各方面所取得的成就能很好地证明意见领袖在各领域上的经验，从而更容易让人信服。因此我们平时在工作中也要以结果为导向，成功的结果不仅能证明自己的努力和方向，也能更好地产生影响力让更多的人认同、支持你的思路和想法。

此外，公司并不是一个封闭的世界，而是存在于社会和市场中的，因此在考虑公司内部影响力的同时，为了将来在必要的时候也能更容易获取公司外部的资源，我们也要考虑在公司外部建立自己的专业形象，这其实也是为什么大多数大企业都非常注重雇主品牌建设的原因。

- **数据论证**：用数据说话的逻辑论证能力是职场人士提升影响力的必备技能之一。举例来说，很多大公司之所以愿意花大价钱购买咨询公司咨询服务的原因之一，就是因为咨询公司的一大强项就是善于用数据说话。

现在又是大数据时代，所以数据逻辑上的论证对于公司高层的战略决策来说，具有非常重要的影响力。

数据影响力是如此重要，以至于薪酬调研这样的咨询公司，企业不仅要为其提供整个公司内部的真实薪资数据，还要为此向咨询公司付费来获取年度的调研报告用于公司内部相应的薪酬决策。因此，为了让自己在关键时刻的观点能够掷地有声，我们在平时一定要锻炼数据分析和解读的能力。

- **谈判妥协**：有很多人喜欢一档以辩论为主的娱乐节目，如果大家看过，可能会和我有同样的感受。我们会发现无论是什么话题，人们一开始心中都会以自己的观点来支持正方或者反方，但是当正反方辩手各自阐述观点时，你会发现自己不自觉地会被带入，从而觉得好像另一方的观点也有道理。

所以，世上的很多事情本身就没有严格的对错，持有不同观点的双方都有各自的理由和道理。包括我们自己在最初想要影响别人的观点本身可能也是有漏洞和问题的。因此，退一步海阔天空，在必要的时候通过谈判，各自表达观点，最终相互妥协达成共识，以退为进，也是达成影响力的途径之一。

- **间接影响**：有时我们在办一件事情的时候会发现以自己的影响力很难影响大多数人，这时我们就需要通过平时的观察和积累，来思考是否可以找到和这件事情相关，在人群中有影响力的那些关键人物。通过沟通，达成与关键人物的共识，并让关键人物来进一步影响更多人也是常用的方法之一。

情感

- **共同愿景**：很多商业成功的故事中都有描述创始人与合伙人有着共

同的愿景，在业务遇到挑战和危机的时候，大家不离不弃，不忘初心，方得始终的情节，由此可见愿景的力量。虽然有很多人把共同愿景俗称为"画大饼"，但这也是一个不得不画的"大饼"。因为只有这样才能影响一批具有相同价值观的人为此而共同努力。

- **人际情感**：不同国家的合作文化中侧重点有所不同，例如，美国看重合同条款，日本看重信任关系，而中国则看重情感关系。在日常工作生活中的人际交往就是对人际感情的投资。有些事情从公对公的角度，会处在模棱两可的灰色地带，这时人情因素在对此事最终结果的各项影响因素中就会占较大的比例。

- **同理互助**：同理心对打造影响力上也特别重要，你只有打动别人才能从情感上影响到对方。因此我们在平时应该多站在别人的角度上考虑问题，了解周围的人所关心或担心的事情，并为他人提供帮助来解决这些担忧。在处理问题时多考虑双赢的目标，这样长此以往，会让你个人的影响力随着你对他人日积月累的帮助而逐步得到提升。

- **授权赋能**：在公司的管理中，对有能力的下属充分授权是一种极大的赋能，很有可能会让业务结果超出期望值。因为一个人的能力是有限的，如果一定要用自己的观点和想法去影响团队，那么整个团队的能力上限就是团队领导一个人的能力。如果在给出大方向的基础之上，授权团队去发挥，就能真正发挥团队的力量而共创出更高的成就。这种信任也会产生极大的影响力，每个人都愿意在被信任的前提下为团队的整体目标贡献自己的力量。如果团队领导能够在信任授权的基础上，不断表彰出色的员工，就可以进一步提升信任度，形成影响力的正向循环。

- **个人魅力**：每个人心中都有自己的偶像，无论是行业领袖还是网红或者是一个平凡的普通人，都具有各自独特的魅力和影响力。百花齐放，我们很难归纳总结出具有什么样特点的人才是有个人魅力的人。但是我们相信每个人都是独一无二的，每个人在各方面经年累月的持续积累都能让自己形成别人无法比拟的独特性。让我们共同努力，打造出每一个人属于自己独特的品牌和影响力！

在数字化转型的时代，通过高绩效团队的打造以及领导力和影响力的提升，就能让我们在关键时刻团结更多的人共同应对各种挑战。

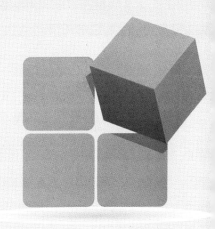

第 9 章

未来：
看清趋势顺势而为

HR 数字化转型是一个持续发展的过程，随着新技术的不断涌现，我们也看到未来更多不同的可能。作为 HR 我们也要放眼未来，基于当前的政策和技术趋势预测未来，提前做好准备以便更好地在将来应对变化。

9.1 电子合同加速助力 HR 数字化转型

9.1.1 电子合同的加速对于 HR 数字化转型的意义

北京市人力资源和社会保障局在 2020 年上半年发布消息，将在北京市推广使用电子劳动合同，同时还将逐步推广电子劳动合同在不同场景的应用，搭建统一的电子劳动合同管理平台。从北京开始，从传统的纸质合同转向电子合同，意味着全国劳动合同电子化将迎来加速发展的趋势，这是社会和企业人力资源流程无纸化的重要里程碑。

在人力资源纸质文件电子化进程中争议最大的就是劳动合同是否可以电子化。由于以前各地在法律实操层面对于电子合同的认可程度不同，因此为了降低法律风险，不少公司的法律部反对公司 HR 部门使用电子合同，导致电子合同项目无法推进。现在有了人社厅的认可，一定会有更多的公司上马电子合同项目。

对于 HR 来说，为了应对这个变化趋势，我们需要了解一些电子劳动合同的意义和原理，这有利于企业 HR 在未来数字化转型过程中更好地整体规划及整合电子劳动合同相关的需求。从实施电子合同对于企业的获益来看，首先可以节省公司相关成本，纸质合同成本、快递费以及合同处理的人力成本，一年累积下来也是一比不小的开销。同时，电子合同极大方便了员工的入职流程，提升了员工远程入职的便捷性。利用数字化系统，员工可以直接通过手机刷脸完成所有劳动合同签署的流程。

共享服务中心也可以更加集中化为异地员工提供服务。当然，对于全球化公司来说，电子合同的实施可能会有让共享服务中心向成本更低的国家移动的可能。从成本节省的角度来看这无可厚非，但是要提醒注意的是，由于文化的壁垒，由其他国家提供人力资源共享服务很可能会降低员工体验，特别是在当今时代，员工体验比成本节省所带来的价值会更大，这是企业需要仔细权衡的。

电子合同合法化对于人力资源软件供应商来说是极大的利好政策，也期待有更多人力资源软件行业的人士能够利用这个机会，研发出更加便捷高效的一站式人力资源服务软件。对于人力资源相关政府部门来说，电子合同也极大方便了今后的管理，如果电子合同将来能在网上通过区块链存储和查询，那么很多人力资源相关事务也就可以减少很多不必要的在职证明、合同复印件等纸质文档，同时也更方便政府部门进行远程办理。

9.1.2 电子合同原理与数字化系统整合的方向

电子合同管理平台通常需要借助第三方公司的云平台，因为这不仅是企业自身技术能否做到的问题，而是电子合同管理平台本身所提供的功能必须要与外部更多平台进行交互协作才能完成电子合同的签署。

接下来，我们就从电子劳动合同签订的需求出发，逐步分析电子劳动合同签署过程中的一些关键要素，请参考如下的图示（见图9-1）：

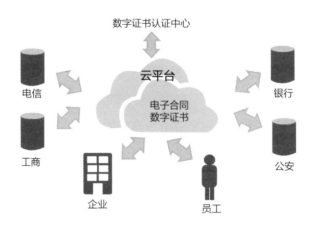

图9-1 电子合同云平台交互示例

企业认证：由于合同是企业与个人之间签订的，为了保证劳动者的权益，因此我们首先要确保企业的资质认证。电子合同管理平台可以和工商系统对接来完成企业相关的认证。

合同模板：企业完成验证注册后把平时企业中使用的纸质合同上传到云平台形成模板，通过这样的模板功能我们就能很方便地让员工在线确认合同条款。

实名认证：员工在云平台上进行合同签署时，平台需要确认签署人是员工本人。在当前大数据时代，我国有着政府和服务商经过多年积累建设而成的电信、银行的短信身份认证方式，公安系统的人脸识别等实名认证方式。云平台通常会和外部的电信、银行、公安系统进行对接来完成实名认证。

数字证书：完成了企业和个人的身份验证后，为了完成合同签署，我们还需要数字证书。数字证书是一种权威性的电子文档，它提供了一种在互联网上代表身份的方式。其作用对于个人来说类似于日常生活中的身份证，对于企业来说类似于公章，由数字证书认证中心发行。数字证书认证中心作为权威的、公正的、可信赖的第三方，其作用至关重要。因此，云平台也需要和数字证书认证中心进行合作完成数字证书制作。

电子签署：企业完成认证，准备好合同模板，新入职员工就可以登录到云平台上完成身份验证、填写必要信息、核对合同，完成签署意向的确认。意向确认表明签署人认可合同中的内容，类似于手写签名或印章。这就是最终的电子签名，云平台会保存签署的时间戳用于将来验证。

通过以上的关键要素的组合和系列步骤，我们就能完成在电子合同管理平台上的电子合同签署。

企业 HR 电子合同建设规划

目前市面上有多家第三方电子合同管理平台，如何把第三方电子合同管理平台和企业的人力资源系统相结合呢？通常我们会需要通过技术方式实现和这些第三方电子合同管理平台的对接，可以参考图 9-2：

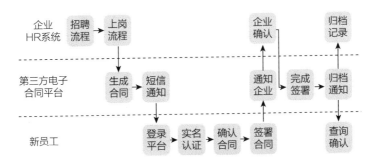

图 9-2　电子合同签署流程示例

在这种解决方案中，企业需要和第三方电子合同平台的供应商有比较密切的技术交流和沟通，约定一些接口的技术细节，由于 HR 通常对于技术细节并不是特别了解，因此对于 HR 来说有可能会有额外的沟通及规划成本。

目前还有一种比较省心的合作模式是企业与第三方人力资源综合服务供应商进行合作，综合服务供应商可以与电子合同平台供应商进行合作并整合，让企业在 HR 管理流程上获得更好的无缝链接体验。

在与人力资源综合服务供应商进行整体合作时，电子合同、电子签名的应用可以穿插在整个员工服务平台的服务流程。

以下是 HR 综合服务中的电子合同、电子签名应用场景：

- **预入职**：在入职准备流程中，不仅是劳动合同，通常为了避免员工关系风险或保护公司知识产权，我们也会要求员工签署员工手册和保密协议，这样的文件签署就可以利用电子签名技术来完成。
- **自助服务**：通常员工在办理贷款、签证时会需要企业提供在职和收入证明。整合了电子签技术就可以省去盖章步骤，从系统中获取收入数据后完全将证明自动化，提升效率。
- **合同续签**：在劳动合同到期时，将电子合同签订流程整合到续签提醒确认流程之后，就能自动化完成劳动合同续签的工作。
- **员工离职**：将来所有公司应该都可以接受电子离职证明，在员工离职流程完成以后，企业 HR 系统自动发放带有电子签的离职证明也会让离职流程变得更高效。

综上所述，我们可以看到电子合同相关技术在嵌入 HR 综合服务后可以让我们的人力资源服务流程有了真正全自动化的机会。同时也可以确保在员工生命周期的不同阶段，员工可以在 HR 系统的使用上也能有一致的用户界面体验。

对于电子合同的应用，相信在人力资源相关政府部门的大力支持下，将走入快速发展的通道。HR 数字化转型过程加快后，HR 也需要看得更远，并基于人力数字化转型的大方向，思考在重复劳动可以逐步被数字化工具所代替的前提下，我们如何能不断自我增值，在从重复工作中解放出来后，如何让自己的工作更有价值，更好地为未来做好积极的准备。

第 9 章
未来：看清趋势顺势而为

9.2 从个税改革看数据中心化与区块链去中心化的趋势

9.2.1 数据中心化减少冗余信息

2019 年的个税改革是一次巨大的变革，不仅实现了个人所得税从分类征收到综合征收的第一步，而且专项扣除的做法也为将来以家庭为单位缴纳个税的可能性创造了想象的空间。这次税改对国家、企业和个人都会带来深远的影响。

在企业中受影响最直接的就是负责薪资计算的 HR 部门，税改中的累计计税和专项扣除在为将来我国更多的个性化个税政策创建框架基础的同时，从长远来看降低了企业计税的难度和负担。累计计税减少了全年由于每月收入浮动的可能性而产生个税不同的情况，在提高税收的公平性的同时为企业的激励也增加了更多的灵活度。

这次个税改革的变化也给了我们一些在人力资源人员信息数据管理上的启示。人力资源管理的不少数据问题是因为数据冗余造成的。例如，从小到大我们填过多少次有关个人信息的线上和线下表格，内容每次都是姓名、性别、电话号码、家庭住址、毕业院校等。这些信息每多填写一次就会制造出一次填写错误的机会，每多填写一次就会制造多一次在信息变化时需要额外的更新。

在这次个税改革中，这个数据冗余的问题就有了一个很好的示例答案。在个税改革中的六项专项扣除，是由纳税人通过个人所得税申报 App 填写个人信息，各企业通过税务系统下载员工的专项扣除金额来进行操作。员工即使更换公司也不用再填写一遍。同时税务系统只提供金额下载，对于员工的家庭成员个人信息等不提供下载，这也从授权的角度保证了个人的隐私（见图 9-3）。这就是通过数据中心化从公司系统到社会系统转变的很好示例。国家的公民个税数据和社保数据将来也可能进一步集中管理,这让我们看到员工个人数据已经有从企业向国家集中管理的趋势。

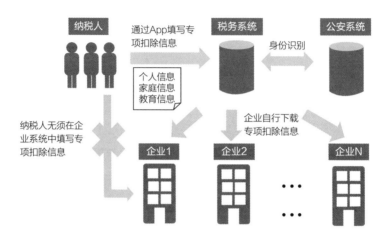

图9-3　个税改革后的专项扣除信息传递

再以汇算清缴为例,由于我国纳税人口众多,类似工作变动、多处收入等这样的情况复杂。最终只有国家把大数据集中起来,我们才能最有效地减少税务局、企业及个人进行汇算清缴的统计申报工作量,否则要完成汇算清缴简直是不可能的任务。因此,我们可以看出国家数据集中化管理是势在必行的。

现在在机场安检、酒店住宿到处都需要刷脸其实也是数据集中化的一种体现,用户通过刷脸可以和后台的公安系统连接,进而验证身份,很多不必要的过程,例如填写纸质表格将来肯定也都不需要了。

个税改革的示例也提醒企业,在进行HR数字化转型的过程中如果能把握发展趋势,基于国家推荐的做法,来进行企业内部薪资部门的工作规划,就可以进一步减少政策变化所带来的风险。

9.2.2 去中心化的区块链

我们从以上案例可以看到通过数据中心化已经可以解决部分冗余数据的问题,那数据中心化还会遇到什么挑战吗?数据中心化最大的挑战就是很难有机构或者系统可以有能力和授权去收集所有的数据。就个人的数据来说,个人、家庭、教育、社保、医疗、纳税、银行、保险、通信等这些信息,是很难有一个机构可以整合的,一是数据量过于庞大,二是也没有任何一个机构能够有如此大的授权来为如此庞大的天文数字而负责,其牵涉面实在是太广了。

此时,我们就可以想到国家推行的区块链技术。区块链本质上是分布式数据存储、是一个去中心化的数据库,通过加密算法来确保数据存储和传输、及数据不可篡改的技术。将来我们可以通过区块链的方式来解决数据冗余和质量的问题,见图9-4:

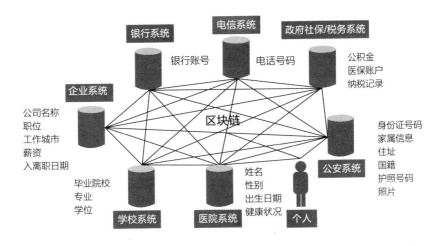

图9-4 区块链存储个人数据

将来只要有了完备的区块链技术,就可以通过谁产生谁存储的原则,在数据的源头做一次性存储并负责将来的修改。比如,我到电信公司去修改我的电话号码，那么就只用在电信公司的系统中维护我的最新电话号码。

通过授权和安全技术，每一个企业、个人或者政府机关都可以被授权获取特定的数据。由于通过区块链技术是可以确保数据被维护机构背书而且不可篡改的，因此不管我们到哪里，办什么事情，通过刷脸就可获得所有的数据。以后进入任何一家公司也都不需要再填写个人信息、学历和工作经历，因为公司可以有授权通过区块链随时获取每个人的不可篡改的各种最新信息。

在通往成熟区块链的道路上一定会有很多技术和非技术的问题需要解决，但是我们相信政府、公司、学校以及专家会不断进行各种研究和尝试。我们也已经听到有公司正在尝试通过区块链来解决人员信息存储的解决方案。让我们共同关注和努力，期望一个既安全又便捷的大数据时代的到来。

9.3 顺势而为迎接未来

自然界有很多举世闻名的瀑布，例如，亚洲第一大瀑布，位于中国的黄果树瀑布。人们在经过瀑布时都会被震耳欲聋的水声和气势磅礴的场景所吸引而驻足观赏。想到这样气势宏大的奇景都是由一颗颗普通的小水滴开始，通过涓涓细流汇集而成，不由感叹大自然的奇妙。既然谈未来，我们就应该有更多畅想。接下来我们就通过自然界的水景引发的一些思考来从规模效应、顺势而为及团队之势三方面来谈一谈，企业如何能汇集每个人的力量，顺应数字化转型趋势，让我们都能从普通的水滴形成这样美丽宏大的风景。

9.3.1 规模效应

一颗水滴很难成为风景，但当万千水滴聚集在一起和周围的环境配合就能成为一道靓丽的江河湖海风景线。团队每一位成员就好比一颗平凡的水滴，一个人能力有限，但当团队聚集在一起时就能制造出强大的力量。

管理者要时刻提醒自己，风景和成绩是由整个团队共同创造的。因此，管理者要思考如何不断加强团队成员间的相互连接，增强人与人之间的协作，思想的碰撞才能迸发出灵动的水花。你中有我、我中有你则无敌，孤军奋战、内斗割裂则无援。

如何能让人与人之间产生连接呢？我们需要营造良好的地理环境和场域，水流就能自然融合。对环境的营造就是我们常说的企业文化，虽有些虚无缥缈且无标准定义，但大家都能判断什么是美景，都会心之向往，这是人的本性使然。管理者在管理团队时应适当考虑管理制度是否违反人性，管理方式是否会让团队产生割裂而不是产生合力？有了良好的场域文化就能凝聚团队的力量。

不仅是团队内部的连接，我们还要让内部团队和外部团队之间产生连接。随着水流不断汇集为江河湖海，就会产生更大的包容性，水生植物和鱼类会在江河湖海中逐步形成完整的生态链，生生不息。这也是管理者需要思考的企业发展的问题。

因此，管理者走出去是很有必要的。大公司的管理者们不能做井底之蛙，只有走入更大的世界和跨界领域，才会发觉自己的渺小，行为才开始伟大。

管理者需要多关注外部市场的数字化趋势，多和外部市场的业界及跨界人士多多相互学习和交流。现在有很多企业探访的活动能够有利于不同企业间相互交流，取长补短，这就好像不同的溪水汇集成河流和瀑布一样，相互帮助，共创未来。

9.3.2 顺势而为

小水流只有随着地势特征顺着大方向才能汇集更多的水流最后归入大海，这就是大势所趋。但前提是，小溪只有顺着正确的大方向才能汇入大海。因此，团队需要有看得清方向的管理者在前探路才能引领方向。管理者的重要任务之一就是要看清地势和路径，思考往哪里走既符合大方向又能更快达成目标。帮助公司和团队找方向、定战略、制定出前行的地图，使小溪汇入大江、汇入蓝海。

制定具体行动来应对市场竞争固然重要，但是看清趋势更重要。正是因为华为看到了智能互联的趋势，阿里巴巴看到了电子商务的趋势，腾讯看到了社交网络的趋势，并将坚持这个方向成为公司的愿景和目标之一，才能取得今天的成就。

团队和企业发展的路有很多种，因此首先得选对大方向趋势，这样即使经过不同的河流，最后还是能流入大海。但不到万不得已，企业不必违背趋势特立独行。

势来不可遏，势去不可留。在开源共享、共创手机应用生态环境的大趋势下，安卓阵营已经占据很大市场份额的时候，诺基亚依然自视坐拥全球手机老大的位置，俯视众手机厂商，采取不跟随的态度，固守塞班系统导致最终的失败，这就是逆势而为的深刻教训。

顺势而为，如顺水推舟，事半功倍；逆势为之，如逆水行舟，事倍功半。如今大数据、人工智能时代来临，即使是非 IT 行业的人力资源、财务、采购、行政部门也不得不做好应对数字化趋势的准备。

9.3.3 团队之势

看清了环境的大趋势，领导者也要管理团队的趋势，团队大多数成员的价值观和行事方式也是一种趋势。如果团队成员顺着团队的势而为，自然能够让团队被最大限度地赋能。

需要提醒和强调的是,价值观并非应该来源于领导一言堂,而是应该基于整个公司团队在合作过程中的成败经验,逐步提炼出适合内外部环境及团队发展趋势的价值观,这样提炼出来的团队价值观才是真正值得推广和传承的。

管理者也要根据周围环境和趋势的变化,在关键时候对价值观和行事方式做出必要的调整。比如,年轻一代的员工由于成长环境和社会教育背景不同,对于工作意义和方式会有着不同的认知,他们有可能更希望快乐工作。那我们对于朝气蓬勃、年轻人多的团队,就可以把快乐植入我们的价值观,符合人性需求,让团队的效率进一步提升。

由于价值观会基于不同公司的发展方向和团队而产生,因此不同的团队可能会有不同的核心价值观。公司招人的时候也须判断一下候选人的行事方式与公司的主流企业文化和价值观是否一致。由于人的价值观很难被根本改变,因此招聘与公司价值观一致的员工就显得尤为重要。

虽然团队需要包容不同文化和背景的人,但是为了成事我们需要有统一的价值观,这样的团队聚在一起才是有生产力的。道不同,不相为谋。如有团队成员的价值观与团队相悖,虽不至于是害群之马,但仍会阻碍团队前行。

当然团队聚集在一起也不是随时都能风光无限的,只有与周围的环境相配合,才能成为更美丽的风景。在管理团队时,管理者需要随着周围环境和趋势的变化而变化,迅速决策,就像瀑布在遇到断层时要果敢前行。在上游时又不能操之过急,需要细水长流。

管理者需要让团队耐得住寂寞,在日常工作中慢慢磨炼自己,不要让团队因为选错方向而搁浅。把团队的底子和基础打扎实,才能在关键时刻抓住趋势机会,顺势而为,让自己成为一道风景,然后再回归平淡、继续努力与磨炼,让团队为成为下一道风景而努力。如果不量力而行,一路高歌猛进，很有可能会物极必反，变成洪水猛兽，不可控制。

　　管理好团队之势，将团队打造成富有能量的团队，也会吸引更多有识之士及相同价值观的人才加盟。当团队从小溪汇集成河流时，团队就看到了阶段性的变化趋势，便会进一步被激励，更加坚信和坚定团队趋势的正确性。如此循环往复必将提高团队成事之概率！

　　在本书的最后以自然界的水景为例，也是希望能与来自不同河流的读者们像在瀑布相会那样产生共鸣，相互学习，知识共创，汇成江海美景。